保持你的善良，也要堅持你的底線

小彬——著

目錄

第二章　什麼都忍，不是善良是懦弱

第三章　我對你好，不是讓你得寸進尺

第四章 為什麼你的善良會被人利用

第五章 你吃了那麼多虧，有福了嗎

目錄

目錄

第八章　做個有稜角的人，讓個性保護你的本真

第九章　善良的人要為自己而活

【序】

這個世界從不缺善良，缺的是原則

善良，是這個世界上最美好、最高貴的品德。善良是需要智慧的，沒有智慧的盲目善良，是一種失敗的給予。這樣的善良只會成為自己的枷鎖。久而久之，原本純潔美好的善良會被戾氣侵蝕，失去它原本真正美好的樣子。

在日常生活裡，如果有人常常以善良為藉口，肆意對我們的好心剝削利用，要記得及時收回我們的善良。對這些人講善良，只會讓我們的善良變得很廉價。對於我們來說，有原則地選擇拒絕，丟掉一些東西，才是真正高明的生活智慧。

有這麼一個故事：

有個老人去買麵包，老人衣衫襤褸，顫顫巍巍，伸著粗糙的手將買麵包的錢一遍遍數清楚遞給老闆。老闆頓生惻隱之心，知道這樣的人還有很多。為了保全他們的尊嚴，他想出了一個辦法，每天發放代金券，讓他們免費到店內領取蛋糕。

漸漸地，這位店主開始為殘疾人、低收入家庭也發放優惠券。這樣消息不脛而走，鎮上很多窮人都來他的麵包店，領取優惠券換取免費麵包。店主每個月需要送出三千個白麵包，兩千多個黑麥麵包。有時候麵包領完了，來遲的人因為憤怒在門口破口大罵；或是麵包車壞在了路上，那些領麵包的人竟將他的大門砸得破爛不堪。

古道熱腸總是好的，但我們的善良一定要有自己的底線。

那麼，我們該如何讓善良帶有它的原則呢？

首先，讓善良帶上智慧。

善良並不是盲目的，不是對誰都要善良，有時候善良換來的是恩將仇報。善良是一種大愛智慧，所以一定要具備明辨是非能力。

亞馬遜的創始人傑夫・貝佐斯在一次演講中提到：「**聰明是一種天賦，善良是一種選擇。**」他告訴台下的聽眾，在很小的時候他爺爺就告訴他：「善良要比聰明難得多。」做一個具備智慧的人，用智慧武裝善良，這樣才能讓善更善，讓惡遠離。

其次，將善良留給善待我們的人。

書裡會一味地告訴我們：人一定要善良，要學會換位思考，要時時刻刻理解別人。但是，面對別人一而再、再而三的傷害，為什麼我們還要一味地去理解別人，在別人那裡受到了嚴重的創傷，為什麼一定要逼著自己去原諒？

有句話是這樣說的：「你沒有能力時，應該只對善待自己的人善良。」可以真心實意地愛人，但卻不能憐惜像狼一樣的惡人。

在這個世界上，善良是很簡單的，任何一個人都可以選擇善良。但是一定要讓善良帶上它的原則，否則只會得不償失。

第一章

你總是心太軟
所有委屈都自己扛

「好人綜合症」是一種病

二〇〇一年，美國作家布萊柯（Harriet Braiker）的新書《討好的毛病：治療討好他人的綜合症》一經問世，立刻成為出版業的一匹黑馬，並一度成為大家討論的焦點。布萊柯所說的「討好他人」綜合症，就是我們現在所說的「好人綜合症」。

「好人綜合症」又稱「討好他人」綜合症，指那些對別人特別友好、特別好說話、想方設法幫助別人、毫不利己專門利人，並以此為榮的一類人。他們期望以此獲得別人的好感，他們也的確被認為「好相處」、「善良」。

但他們無條件地滿足別人，壓抑自己的需求，導致自己的幸福感下降。從這個角度來說，過分討好別人是一種不健康的心理，或者說是一種病。

拒。

祁同是出了名的大好人，對於別人的請求，他從來都是來者不拒。

他的朋友張偉最近失業，打電話給他，說要到他家喝酒。他本來要加班到晚上九點，但不好意思拒絕張偉，所以請假專程回來陪他。

祁同點了外賣，陪他從中午喝到晚上，聽他不斷嘮叨遭遇的各種職場「不公」。晚上十點，張偉又提議說去大排檔，祁同也不好拒絕，就陪著去了。

大排檔回來十二點了，張偉又拉著祁同在客廳裡抽煙，搞得滿屋子煙味。祁同的妻子有點忍無可忍，小聲提醒他們該休息了。祁同這才安排張偉洗漱、睡覺，最後自己回屋睡覺。

第二天早上，張偉吃完祁同買來的早餐就跑屋裡玩電腦去了。祁同的妻子面露不快，祁同有點無奈地說：「他現在沒有工作，想在咱們家待一段時間，我不好拒絕。」

可是，張偉一住就是大半個月。好不容易張偉的爸爸替他找了新工作，祁同的妻子以為事情終於結束，誰知，他一放假就來吃喝玩樂，祁同也不好意思拒絕，搞得自己的日子過得亂七八糟。

「當好人」並不是好人一個人的事，往往會弄得身邊的人也很困擾，甚至讓他們有跟著受罪的感覺。心理學家指出，一個人要保持心理的健康，有合乎常理的行為，就必須保持與人相處的「界線」。這個「界線」的作用在於幫助你判斷和決定誰可以接納，接納到什麼程度。換句話說，就是為誰可以付出什麼，付出到什麼樣的程度。

如果沒有「界線」，只是不顧一切地埋頭做好人好事，毫不利己專門為人，那就等於以犧牲自己為代價去迎合別人。有人說這不過是一個人選擇與別人的相處方式，但是，這樣的行為已經導致一個人的正常生活邏輯發生變異，正常的關於「好人」的教育，並不是這樣子的。

專門診治「好人綜合症」的格勒弗醫生指出，幾乎所有的「好人」都有這樣的想法：我把缺點藏起來，變成別人希望我該有的樣子，這樣大家都會喜歡我，都會尊重我。這樣，我的生命就有了意義，我的存在也就有了價值。但是，這樣的感覺不過是取決於別人的看法，實際上個人內心並不會感覺幸福。

那麼患了「好人綜合症」的人，應該如何做才能擺脫自己的困境呢？

第一，看對方值不值得幫

如果對方真的有難，不管是對朋友、親戚甚至是陌生人，我們都要適時伸出援手。但如果對方只是看我們善良、好欺負，那麼我們便沒有幫忙的必要。僅僅因為對方一句微不足道的誇讚便去竭力付出，這樣的「好人」是廉價的。

像那種什麼都喜歡麻煩別人的人，他們往往不懂得感恩，在需要別人的時候異常熱心，不需要的時候形同陌路，這樣的人明擺著只想佔便宜，我們沒有必要為了討好他們委屈了自己。

第二，選擇事情來幫

事情分輕重緩急，要知道很多事情並不是離了我們就不行的。如果同事家裡出了什麼急事，比如生病住院、買房這樣的事需要幫助，一定要努力去幫。但如果對方是一個好賭成性，看我們好說話便過來借錢這樣的事，即便有再多的錢，也不能去幫，否則一旦有了開始，就會被對方吃定咬死。

第三，看自己情況量力而為

幫人要有自己的限度，不能什麼事情都隨口應承，超出自己能力範圍之外的一定要拒絕。否則勉強去做一件事情，不但不會贏來別人尊重，還會吃力不討好。有人在自己文章中寫道：一個完全不懂得拒絕的人，是不可能贏得真正尊重的。

勃朗寧夫人在她著名的長詩中寫道：「願仁慈的上帝寬恕一切好人。」這個「寬恕」用得確實很是恰當。做一個「好人」可以，但千萬不要患了「好人綜合症」而不自知，沒有原則的付出，再可憐不過了。

委屈自己成全別人，是一種不公平的善良

如果你凡事習慣只為別人考慮，常常忽略自己，日子久了，別人也會順理成章地忽視你的付出，將你對他們的好，視為理所當然。

在生活中，很多人之所以這麼無私，不惜委屈自己成全別人，就是為了事成之後別人的一句肯定和讚美。那些隨便發好人牌的人是出於什麼心理，我們不多做評價，但一味地將好人牌收歸囊中就是自己的錯。

委屈自己成全別人，並不是一種公平的善良，我們只想對身邊的人好一點，但我們的做法卻常常被別人視為傻子。所以，做不到的事情就去拒絕，不喜歡的話就當沒聽見。開心時就笑，難過時就哭，委曲求全不一定會獲得什麼回報。

讀凌力的《少年天子》，是在一年前了，對於清朝的那段歷史，從來都

是走馬觀花、一掃而過。但那個女人出現時，心腸倏然變得柔軟起來，所有的心思牽絆在她一人身上。

她，董鄂妃，一個美麗與善良並存、才情與體貼兼具的女子。那個女人將自己的悲傷小心翼翼地捂起來，不讓自己的任何情緒干擾到別人。她考慮到了每一個人，卻偏偏忽視了她自己。

孝莊皇太后患病的時候，這個單薄的女子，守在太后身邊，七天七夜不曾合眼。處處難為她的皇后生病，她又是五日五夜不眠不休。她為與自己作對的康妃求情，用自己的血肉之軀保住了康妃一命。

世界上沒有什麼比親人離去更讓人悲痛的了。父兄雙雙離世，為了不讓皇上、太后掛念心疼，這個女人將所有委屈藏在自己心裡。在偌大一個後宮，她縱然失去了一切，好歹還有聰明可愛的四阿哥是她的依靠和支撐。然而，最終連這點小小的支撐都成了奢求。

後宮是女人的天下，女人存在的地方是非往往也多，尤其是彙集了全天下最優秀女子的地方。她的兒子，活潑可愛的小阿哥，竟被人設計染上了天花，那麼聰明可愛的孩子，集父母美貌智慧並存的小孩子，就這樣離開了人世。

她痛啊，痛得無法呼吸，痛得快要活不下去了。後宮所有人都認為她要悲傷地站不起來了，可是第二天她出現在眾人面前時，一如既往地如水般清淺，沒有一絲一毫悲傷洩露。她所有的堅強只是為了讓皇上、太后不要太過傷心。

然而，在無人的後花園，她哭得跌跌撞撞，只覺得自己已經無法活下去，覺得自己五臟六腑都在出血。

她的付出已經感動了所有人，但是這位賢德的皇貴妃，在面對被廢的皇后，卻寧願終身為妃。「只要陛下江山穩固，社稷安定，滿蒙漢萬民一體，妾妃願以側妃了此終身……」

她用實際行動深切詮釋了「美好」二字。她的一生都在成全別人，也在委屈自己。連老天都看不下去，早早收回了她的生命。或許她真的只是來報恩的，將自己的一切奉獻給這位少年天子，然後轉身而去。

「今日兒殁，自是天命，萬望皇上自尊自愛，以祖宗大業為重，以社稷萬民為重，不必傷悼。」一生為妃，她成全了皇后，成全了清朝天下；幼子離世，她不追究，成全了康妃；臨終遺囑，她成全了少年皇帝。她的一生，一直在成全別人，委屈自己。

這個女人離世後，皇太后泣不成聲，福臨為她出家為僧，舉國為她哀悼，她被追封為孝獻莊和至德宣仁溫慧端靜皇后。

成全和委屈，多麼悲傷的兩個詞啊。優雅大方地成全別人，自己卻在漆黑無助的夜裡默默垂淚舔舐傷口。成全別人，委屈自己不失為一種善良，但是一定要有度。這是對別人負責，更是對自己負責。

妥協得越多，失去得就越多

吉姆梅爾提出：「**最高明的處世術不是妥協，而是適應。**」

有的時候，我們退縮得越多，留給我們的空間就越少，我們越卑微，一些幸福的東西就會走得越來越遠。

所以，在很多事情上，該堅持的就要去堅持，該爭取的就要去爭取，一味地妥協容忍，底線只會一次次被踐踏。

一個總是妥協的人，註定是平庸的，這樣的人生註定是黯淡無光的。而敢於堅守自我的人，他們的人生是光彩奪目的。縱然可能遭遇很多不為人知的苦難，但他們的人生方向始終是清晰的，他們活得更加明確，也活得更加灑脫。

董明珠是格力集團的原董事長，一九九〇年，董明珠加入格力做了一名基層銷售員，不到兩年，她的銷售額占了整個公司的八分之一，她為公司的業務犧牲掉了自己大半的時間和利益。

董明珠的人生絕不是一帆風順的，初入銷售行業便遇到了業內的不正之風，很多人在這股不正之風的影響下，無底線地服務客戶，失去了自己的原則。

董明珠說：「這就是一個選擇的時刻。在這樣一個大環境下，有的人選擇了隨波逐流，而我們一定要堅守自我，用自己的方式去創造營業額。」

董明珠表示，根據自己的能力制定自己的目標，制定了目標以後，就要堅決地去完成。縱然有人會質疑、會猜測，但請不要妥協，繼續努力用最終的結果告訴大家：你沒有錯。

所以，儘管市場走向變幻莫測，格力集團幾經波折，身為領導人的董明珠也承受了很多壓力。但是這位女性無論何時都會堅守自己，堅持讓自己做正確的事。

《哈姆雷特》中有一個著名的問句：「活著還是死去？」到這裡也同樣適用：妥協還是堅守？我們的答案決定了我們漫長而短暫的一生。要知道的是，無論是妥協還是堅守，都是需要付出代價的，只不過我們需要選擇的是承擔哪一種代價。

妥協有利也有弊，它可以使你變得更加合群，讓你能夠融入自己生存的環境，使你不會太過孤立無援。但是妥協的壞處也是顯而易見的，妥協是一種自我放逐，是一種對自我的否定。自我被否定多了，時間久了，它就不存在了。

敢於堅守的人生，無論如何都是光彩奪目的。而永遠妥協的人，只會淪為古斯塔夫・勒龐筆下的烏合之眾，永遠失去了自己的精彩。

做人要厚道，但是不能太軟弱

俗話說：「柿子撿軟的捏。」人們在發火撒氣時，容易推卸責任找替罪羊，也往往找那些軟弱善良的人，因為大家都清楚，這樣做不會導致值得憂慮的後果。

對於那些常常受到欺負的人，往往是因為自己軟弱或辦事能力差所致。要改變這種被人欺負的現狀，必須要變得強硬起來，與欺負自己的人相抗爭，除此之外還要提高自己的辦事能力。

有些人認為「吃虧是福」，覺得吃點小虧沒什麼，經常用「阿Q精神」來安慰自己。但是，在競爭日趨激烈的今天，如果我們以一個「弱者」的姿態出現在社會這個舞台上，不但不會引起別人的同情，反而還會使得某些不懷好意的人在我們頭上踩上一腳。

人的劣根性往往是哪裡有便宜就到哪裡去，誰好欺負就欺負誰。太老實的人反而經常成為別人拿捏的「軟柿子」。所以，我們主張，做人應該有點鋒芒，也許不必像刺蝟那樣渾身帶刺，但至少也要有保護自己的利器。

張陽謹是某出版社的職員，由於自己是從外地應聘來的，所以在工作中他處處小心、事事謹慎。對每位同事都畢恭畢敬，偶爾與同事發生點小摩擦，他也從不據理力爭，只是默默走開。

大家都認為他太老實、太窩囊，從不把他當回事，以至於他在許多事情上吃了不少虧。想起兩年來同事們對他的態度，尤其在獎金分配上自己老是吃虧，張陽謹心裡覺得很委屈。殘酷的現實使他不得不對自己的為人處世進行反思。

有一天，辦公室的一位同事擅離職守丟了東西。這位同事嫁禍於張陽謹，說是他代自己值的班。

主任在會上通報這件事時，張陽謹站了起來，他說：「主任，今天的事你可以調查，查一查值班表。今天根本不是我的班，怎麼能怪罪到我頭上。有人別有用心想讓我替他頂罪，這黑鍋我不背。並且，我要告訴大家，大家在一起共事是一種緣分，我實在是不想和同事們爭來爭去。以後，誰要再像以前那樣待我，對不起，我這裡就不客氣了。」

經過這件事，張陽謹發現同事們對他的態度有了明顯轉變。他也抬頭挺胸起來，不再扮演一個被人欺負的老實人角色。

做人要厚道，但也不能太軟弱。必要時態度要強硬一點，才不至於處處受人欺負。下面這些策略，可以幫助你變得有底氣、有原則，進而贏得別人的尊重。

策略一：斬釘截鐵地說話

有時候你的軟弱甚至會引得服務員、陌生人、計程車司機等對你蠻橫無理。對於那些有意欺負你的人，要克服內心的膽怯，用斬釘截鐵的語氣回覆對方，讓對方知道你的態度。記住：千里之行始於足下，你必須勇敢地邁出對抗這第一步。

當你有了態度，如果再遇到讓你討厭的、欺負你的人，你就可以冷靜地指責他的行為。你可以斬釘截鐵地說：「你剛剛打斷了我的話。」「你那樣做嚴重傷害了我。」諸如此類聲明是非常有效的方式。而且你表現得越平靜，對那些試探你是否能欺負的人越是直言不諱，越能樹立你強大的形象。

策略二：不再說那些容易招致別人欺負你的話

「我是無所謂的」、「我可沒那個能耐」、「我從來不懂那些財務方面的事」諸如此類的推託之辭，就像是為其他人利用你的弱點開了許可證。當你從小販手裡購買煙酒，如果你告訴他你對煙酒一竅不通，那你就是在暗示他可以放心給你假貨，而你根本不知情。

策略三：不要對自己所採取的果斷態度感到內疚

比如，有人請你去給他的孩子當家教，但你的確有別的事，畢竟家教不是你的職業，你有拒絕的權利。但對方開始苦苦哀求，並許諾給你開工資，這時候你會不會有點內疚？尤其是過去你曾經接受過他的幫助，這時你更加不知道應該如何去應對。所以，這種時候，要保持立場，站穩腳跟。

策略四：盡可能用行動而不是用言辭做出反應

如果是本該屬於別人的事，卻讓你做，你通常的反應就是抱怨幾句然後自己去做，結果你就會淪為一個吃力不討好的人。如果對方忘記了一次，你就提醒他一次。如果他置之不理，就給他一個期限。如果他無視這一期限，那你就直接行動做出相應的懲罰。一次教訓，會比千言萬語更能讓他明白你所說的「職責」的意思。

策略五：拒絕去做你最厭惡的，也未必是你的職責的事

太多人總是一邊抱怨一邊努力做事，為什麼不拒絕去做你厭惡的事呢？如果一味地聽命於人，還就他人，委屈自己，就會沒有主見，失去自我。這樣的人雖然甘居人下，卻也得不到別人的歡迎；有些人即使事業有成，也終會被小人暗算。

對傷害過你的人，你有權選擇不原諒

三毛在《親愛的三毛》中說道：「**原諒他人的錯誤，不一定全是美德。**」在這個世界上，傷害分好多種，對於那些無心之錯、一時糊塗犯下的錯，我們可以原諒。但是對於那些存心要我們受傷的，故意對我們進行傷害的，我們有權選擇不原諒。

在生活中有的人總是會受傷，因為他們的原諒總是那麼容易，總是那樣沒有原則。別人明明是存心傷害，故意挑釁，他們卻大度地表現出「我不與你計較」「我原諒你了」的態度。然而別人非但不會為此感恩，只會對這樣的輕易原諒表示鄙夷，並且在下一次選擇繼續傷害。

貴港市中級人民法院對民警開槍射殺孕婦一案公開審理。被告人胡平涉嫌故意殺人被提起公訴。胡平當庭提出向受害人及家屬道歉，家屬拒絕接受，並提出索賠一百二十三萬餘元。

受害人的不原諒所有人都能接受，並且認為他們的做法是正確的。事情的經過是這樣的：

二〇一五年十月廿八日，胡平在辦理完案件之後，隨同其他民警一同喝酒，幾人喝得醉醺醺。途經受害人所經營的小店，下車買奶茶，當得知奶茶賣完後，胡平竟然掏出手槍朝天花板開了一槍，接著向老闆夫婦連開三槍。

老闆右肩受了輕傷，老闆娘卻再也醒不過來了，和她一同離世的，還有她肚中已經成形的五個月大的嬰兒，真的是一屍兩命。

一年後，案件開庭，胡平向受害人家屬道歉被拒，這樣的結局，是一定的！

受害人一家本是一個完整的家庭，他們開著小店，過著自己的生活。誰知平地生風波，被這一番醉酒搞得家破人亡。

所以，不是所有的傷害，都是可以被原諒的。涉及原則問題的原諒，就成了軟弱可欺。

二〇一六年十二月，奶奶親手殺死親生孫女的事件一經曝光，就引起了一陣轟動。

自二胎政策開放後，張奶奶終於可以實現抱孫子的夢了。在她的多次鼓動下，兒媳終於答應再生一胎。然而讓張奶奶失望的是，她抱孫子的夢落空了，生下來的又是一個孫女。在她眼裡，孫女都是賠錢貨。

於是當天晚上，她悄悄地將嬰兒床上的小孫女抱至地下室樓梯轉角，用腳在嬰兒頭上及多個地方進行踩踏，終於將其殺害，然後將孩子扔在紙盒內離開了現場。

這一事件曝光之後，不少人感慨人性的泯滅。對於親孫女都能這般狠下殺手，她還有什麼不能做的。

事後，她的兒子兒媳選擇了原諒，張奶奶被判十年有期徒刑。這一場原諒來得如此輕易，以至於很多網友表示不滿。

在人情上，張奶奶雖然被原諒了，在法律上，她也獲得了從寬的

處理。然而在道德上，她將永遠受到譴責。

這樣類似的事情簡直不勝枚舉，我們來到這個世界，並不是來受傷害的。父母給了我們生命，並不希望我們受到任何人的傷害。愛我們的人不捨得我們受傷害，傷害我們的一定不值得我們去愛。所以，為了愛我們的人去生活，為了我們自己去生活。

原諒那些存心傷害你的人，就相當於給了他們再次傷害你的機會。所以在傷害面前，我們有權選擇不原諒，只要自己開心就好。畢竟不原諒是我們的權利，讓自己活得好，是我們的義務。

別把所有問題都自己扛

「作為一個三十歲的女人，沒有一分錢存款，哥哥結婚的房子首付是我出的，還貸款的也是我，連生孩子的錢都是我出的。」這是電視劇《歡樂頌》中樊勝美說出的很讓人心疼的一句話。

二〇一六年四月電視劇《歡樂頌》一經播出，便瘋狂地席捲各大衛視。據說每一個人都能在裡面找到自己性格的一面。

歡樂頌「五美」每一個人，都是性格鮮明的，五個女孩中最讓人心疼的是樊勝美。

這是個什麼樣的女人呢？或許用「矛盾」兩字來形容會更加合適。

她住著歡樂頌五樓最廉價的房子，卻追求紙醉金迷的生活，她人生最高目標是找個有錢的男人將自己嫁了，於是她挖空心思去躋身富人的圈子。她追求物質，是典型的物質女，然而她物質得讓人討厭不起來。

直到後來，隨著劇情逐步發展，樊勝美的家庭一步步走向觀眾的視線，繼而，所有人都明白了，原來她養成那樣的性格是有原因的。父親重病，媽媽沒有能力賺錢，哥哥不成器，沒日沒夜地向家裡要錢。還有一個外甥需要她養，在這樣的家庭，換作我們任何一個人，都沒有把握能做得比她更好。

樊勝美，以她瘦弱的肩膀，扛起了本不該她扛的一切。故事的最後，原本深愛她的王柏川離她而去。繁華的上海城，陪伴她的只有孤寂。

把所有問題都自己扛，去承擔自己承擔不了的，往往會讓自己心力交瘁，從而丟掉一些原本擁有的。據研究表明：總把所有問題都自己扛，可能會讓人扛出癌症來。

據資料顯示，那些選擇獨自承擔，感情不外露的人患癌症的機率要比那些性格開朗的人高出十五倍。所以，不要總是將所有問題留給自己，讓自己去承擔原本承擔不起的一切，這樣會把人壓垮。

縱然是有壓力才會產生動力，但要懂得壓力不能過大，否則會壓垮自己。所以，不要將所有的包袱都背在自己身上，學會去丟掉一些東西。

我們該如何做，來緩解壓力呢？

首先，將重要的事情做好，學著去區分事情的輕重緩急

當身邊周圍很多事情一塊到來的時候，應先去處理最重要的事情，將它解決完了，再集中力量攻克剩下的。儘量避免眉毛鬍子一把抓，這樣往往會得不償失。

其次，學會接受自己，看清楚自己內心到底想要什麼

對於自己內心真正想要的，那就要用盡全力去爭取；但對於生命中一些可有可無的，便要學著去捨棄。要知道，魚和熊掌不可兼得，到最後「貪多必失」。

第三，運用恰當的方式，將自己所承擔的壓力適時釋放出去

儘量讓自己有放鬆和休息的時間，多給自己一些時間放空自己，多和親戚、朋友進行溝通。當被壓力壓得喘不過氣來的時候，記得要尋求專門人士的幫助。

一切的一切，都只源於一顆善良的心。但其實，走累了，回過頭來看看自己，是不是已經疲憊不堪。在人生的道路上，不要只顧及別人，也要時刻照顧好自己。畢竟，能陪我們走到最後的，只有自己。

這個世界比你想像得殘酷

對於這個世界，有的人想得很單純，覺得自己用心待別人，便能獲得同樣的對待。然而漸漸地，我們會發現，可能我們傾盡了所有，他們依舊覺得不知足，只想索取更多。

《命中註定我愛你》裡面的女主人公就是一個「便利貼」女孩。就是有人需要她時，撕下來就能用，不需要的時候，隨手亂扔也無所謂。她從來不會拒絕別人的要求，只要是她能幫忙的就一定會去幫。她從幫別人買咖啡到帶早餐，從幫人完成工作到自己默默加班。

她的付出和善良並沒有得到其他同事的感激，反而讓她成了辦公室誰都可以呼來喝去的跑腿小妹，理所當然的，辦公室所有的瑣事雜

事都成了她的事情，本來和她無關的工作也成了她的分內事。

並不是所有的善良都能得到好的結局。若是失去原則，你的善良將遭遇別人的得寸進尺。別人非但不會感激，反而會更加蹬鼻子上臉。對人對事要保持底線，要有自己的原則。

這個世界，很多事情並沒有你想像得那麼簡單，並不是你以誠待人，便一定能換來別人的誠心。如果事事都太寬容大度，只會換來別人的變本加厲。那些喜歡欺凌別人的人，往往有這樣的觀念：

認為物競天擇，適者生存。在他們眼裡，強權是一種普遍的社會現象。越凶越不會受到別人的欺負。他們從不考慮別人的感受，他們往往認為自己的性格會更佔優勢。

認為暴力是最簡單快捷的手段，被欺負了一定要還回去，不然就是比別人弱，不能忍受自己被欺負。

認為只有通過暴力強權，才可以讓其他人服從甚至順從自己。

對於這些人，他們很少會被別人的善良打動，在他們眼裡只有軟硬之分。面對這樣的情況，我們應該要做的是：由弱變強，讓對方忌憚我們的實力，不敢造次。如果不想被別人欺負，就一定要調整自己的狀態和實力，讓對方知道儘管他們強，但我們也不怕他們。

一般欺負人會分為兩種情況：

第一種是開玩笑戲耍，這種情況比較常見。身邊的一些朋友開一些無傷大雅的玩笑，因為我們自己嘴笨，不知道該如何應對，就會讓自己處於尷尬的境地。對於這一種情況，是比較好應付的，試著學習提升自己的幽默感和語言反擊能力。

第二種情況是真正的人善被人欺，對方有意針對，這樣的情況要不就遠離他們，要不就堅決地捍衛自己權益。我們要學會明確自己的底線，一味地退讓，只會讓他們肆無忌憚。

沒有原則的善良，往往是廉價的善良。只有堅守自己的底線，懂得自重然後才能得到別人的尊重。

第二章

什麼都忍
不是善良是懦弱

廉價的寬容會變成縱容

一個人，若寬容到近乎軟弱，很容易遭到輕視和欺侮，勇敢的人不容易被拖累，是因為他們懂得適時拒絕。獨立的人，往往都會有自己的天地。只有歷盡世事，才會明白，遠處是風景，近處的才是人生。我們眼前擁有的，才是真正應該珍惜的，我們不應該被廉價的寬容所綁架而屢屢退讓。

給犯錯的人一次機會是寬容，但是，每個人都要為自己的行為做出相應的承擔。當同樣的錯誤一而再、再而三地犯出來時，我們若是依舊選擇寬容，這樣的寬容，便叫作縱容。

無限制的寬容，只會讓那些犯錯誤的人感覺不到自己的錯誤。寬容針對的應該是那些知錯就改、無意犯錯的人，對於那些屢次犯錯的人，絕不能心軟。

有很多人將寬容和軟弱結合在了一起，認為寬容即是軟弱。其實不然，一次又一次毫無底線的寬容才是軟弱。

以前聽過這麼一個故事，有個老人在自己雜貨店裡抓了一個賊。當時，這個賊戰戰兢兢，哆哆嗦嗦。原來這個賊是附近中學的一個學生，或許是第一次偷盜，小孩嚇得臉都白了。小孩連聲哀求老人不要告訴學校，學校一旦知道，他一定會被開除。

於是，老人心軟了，只是簡單教訓了幾句，便把孩子給放了。但是沒過多久，他又抓住了這個孩子。

這個孩子摸準了老人的心理，他故技重演，老人心一軟，又把他放了。不知過了多少年，一天老人正要關門時，店內進來一個臉上有傷疤的大漢。他連刺老人幾刀，一把火將老人的雜貨店給燒了。

彌留之際，老人問他：「為什麼？」

大漢說：「你還記得多年前你放的那個小孩嗎？就是因為你的屢次寬恕，我才覺得原來偷盜被抓住其實並沒有什麼，只要我對別人裝裝可憐也就行了。現如今，我已經犯下了無數的罪行，每一條罪行都是萬劫不復，再也回不去了。所以，是你害我的，你也要付出同樣的代價。」

熊熊大火燒毀了老人苦心經營的一切，同時也帶走了老人的生命。

當年他一次又一次的縱容，導致那個孩子走上了萬劫不復的道路。不知當火舌一點一點將他吞噬的時候，他可否感到後悔。

老人無限制的寬容，讓孩子意識不到自己的過錯，他的寬容已經在不知不覺中成了縱容。所以寬容應該建立在一定的原則上，不能毫無底線。

「寬容」和「縱容」，雖然只是一字之差，但失之毫釐，差之千里。寬容別人可以讓我們消解自己內心的痛苦，接受別人的寬容可以讓我們反省自我。但若是寬容觸犯了原則，那我們也許就變成了幫兇。

在生活中，面對朋友，我們的寬容會使友誼更加穩固。但若是對方一再觸碰我們的底線，侵犯我們的人格，這樣的原諒，只會讓對方覺得我們懦弱、好欺負。

縱然對方是我們最好的朋友，也一定要講原則、有底線，這樣的友誼才會地久天長。在愛情中，也同樣應該是這樣，面對傷害自己的人，一次兩次的寬容是可以的，但若是對方完全不顧及我們的感受，將我們的寬容當成了懦弱，那麼所謂的寬容，便再無意義可言。

所以，對於那些曾經「得罪」我們的人，報之以真誠的微笑，愉快地打個招呼。對那些因為某種矛盾失去聯繫的朋友，簡短的一句問候，說聲抱歉，過往的干戈一笑而過。

對於那些不斷傷害、不斷欺負我們的人，就不要再選擇原諒了，讓對方知道，我們的寬容是有限度、有原則的，而絕非是沒有底線的。

你忍氣吞聲，換來尊重了嗎

在我們生活中，經常會遇到這麼一些人，他們是「老好人」。無論別人怎麼對待他們，都只會唯唯諾諾，竭力奉迎，從來不敢真正表達自己的不滿。他們以為只要自己把別人的事盡心辦好，就會贏得別人的尊重。

然而心理專家認為，一個人如果不能合理地表達自己的感受，無論任何事都選擇竭力隱忍，那麼他非但得不到良好的人際關係，反而會讓人覺得你沒有底線，得不到別人的尊重，從而受到更多人的指責。

心理諮詢師指出，情緒是要適時表現出來的，適時讓別人知道你的想法，這樣才不會習慣性地忽視你的存在，才會尊重你的意見。

喬天剛入職場，便被公司的老人們指示著端茶倒水，打掃環境。

偶然替同事取了個快遞，從此取快遞、拿外賣的任務都落在他身上。喬天一直以「新人都是這樣」來進行自我安慰。但是同事們對他沒有感激不說，反而越來越變本加厲。

經理接待一個英國商人，談了一段時間後覺得在他們身上的突破口不大，便把他們丟給喬天，囑咐喬天應付應付把人送走就可以了。

喬天接手之後，盡心盡力地接待，或許是他的態度打動了英國商人，英國商人說只要他們把報價拉低一點，他們就可以接受。他興沖沖地去找經理，經理說接下來他來談。然而後來他才知道，經理和英國商人簽訂了一筆大的單子，裡面卻沒有他任何的功勞。

忍氣吞聲可能會換來一時的平靜，但是這樣只會將憤怒積壓在你的內心。這種情緒經久不發洩，只會越來越多地影響你的心理健康。

瑞典斯德哥爾摩大學心理學研究小組用了三年時間，在專業醫療機構中選出兩千八百名男性，對他們展開跟蹤調查。在研究期間，研究人員用問卷形式瞭解了受訪者在工作中遇到不公正待遇後的反應，是針鋒相對、默默承受還是回家大發脾氣。

這些受訪者原本心臟都沒有大的毛病，然而直到幾年後，受訪者中五十一人患上心臟病或因心臟病去世。後來廣播公司報導，經過研究發現，選擇自己承受與針鋒相對的人相比，心臟病發病率高出一倍。

一些職場老人說，忍氣吞聲是「慫」的體現。的確是這樣的，總有些人是欺軟怕硬的，有的時候你忍讓過度，同事們和老闆便會認為你太過軟弱，從而對你呼來喝去。越是忍讓，越容易被人欺負。

不要一遇到不順心的事便將委屈憋在自己心裡，要不動聲色地抗爭。如果遭遇了同事領導的壓榨，又不想把局勢搞僵，可以選擇以溫和的方式將自己的想法告訴對方。如果一次沒有取得效果，那就兩次三次，幾番下來，他們的態度一定會有所收斂。

對於那些心存不滿的現象，我們應該怎樣來表達自己的看法呢？

首先，要保持頭腦冷靜，有理有力地指出對方的錯誤。不要去高聲吵鬧，那只會讓事情變得更糟。

其次，不要過多地去指責對方，**要多講自己的感受，通過情緒傳遞法，讓對方站在你的角度去考慮問題。**

最後，無論什麼時候，有一說一，**不要在生氣的時候牽扯出以前的矛盾**

衝突，這只會讓事情變得更糟。

你若是一味忍讓，在別人眼裡，意味著軟弱可欺，意味著喪失原則。適時地挺身而起、奮力反抗，效果或許會更好。

魯迅先生有一句話說：「以無賴的手段對付無賴，以流氓的手段對付流氓。」所以當別人三番五次地麻煩你，覺得什麼都是你應該做的時候；當別人一再地挑戰你底線的時候，勇敢地說「不」，坦誠地表達自己的訴求，反而會逐漸贏得別人的尊重。

吞下那些髒話，你的內心會「消化不良」

曾經網路上有一句話很火紅，大體是這樣的：「每次被人罵，總是等到晚上回家躺在床上才能想到應該如何回罵。」被人罵後如何反擊是一門學問，我們若是對於別人的攻擊全盤接受，將所有的不滿憤怒吞到自己肚子裡，我們的內心一定會是「消化不良」的狀態。

所以，為了不讓我們內心負擔太重，我們要學會巧妙地進行反擊，沒必要接受的那就不接受。

丹麥知名童話家安徒生生活簡樸，他常戴一頂破帽子在街上閒逛。

有一次，他遇到了一個富翁。

富翁有意取笑他，開口便問：「你腦袋上那個玩意兒是個什麼東西，算是頂帽子嗎？」

安徒生馬上回了一句：「你帽子底下的玩意兒是個什麼東西，是個腦袋嗎？」

安徒生模仿富翁的說話方式，不過是改了幾個字詞，便辛辣地諷刺了對方一番。富翁沒想到，自己本來想嘲笑別人，結果反而被別人嘲笑了一番。

在我們生活中，人與人相處經常會猝不及防地遇到許多攻擊，在遇到這些攻擊時，我們要學會適時地去反擊。一個擅長表達自己情緒的人，傳遞出來的往往會是積極的內容。而那些習慣忍氣吞聲的人，內心一定充滿了諸多不滿與消極。

心理學理論中有一種效應叫「滑坡效應」，指的是一旦開始便難以阻止或駕馭的一系列事件或過程，通常會導致更糟糕、更困難的結果。人們在無法自知的情況下會越來越過分。所以，一味地忍讓換來的往往不是尊重，而是不斷降低的底線。

有個掌櫃喜歡捉弄人，常常以捉弄別人作為自己的樂趣。

一天早上，他在門口吸煙，看見一個大爺騎著毛驢經過，於是他扯著嗓子喊：「喂，抽袋煙再走吧！」

大爺從驢背上跳下來，說：「多謝掌櫃的，我剛抽過了。」

這位掌櫃哈哈大笑：「誰問你了，我問的是毛驢。」

大爺一愣，轉過身子，他朝著毛驢臉上搧了兩巴掌，大聲道：「出門時我還問你有沒有朋友，你說沒有，這人要不是你朋友親戚，怎麼會請你抽煙呢。」然後，大爺又對著驢屁股抽了兩鞭子：「看你以後還敢不敢胡說。」說罷，翻身上驢，揚長而去。

掌櫃本來要嘲笑人，沒想到反而被嘲笑得下不了台。

在日常生活中，和別人出現言語上的摩擦是在所難免的。我們沒必要事事計較。但對於那些故意惡語中傷的行為，一定要給予反擊。這樣不但可以起到懲罰對方的作用，還可以有效地保護自己，使自己免受侵害。

面對突如其來的不友好，若是決定迎擊，該如何做出有力的回擊呢？

●首先，要做到巧妙應對

不管對方出什麼樣的難題，我們都可以一一化解，巧妙應對。如諸葛亮的「舌戰群儒」，讓自己酣暢淋漓，讓對方無話可說。這種火力對火力的交鋒，往往需要反擊者具備極為優秀的語言能力。

●其次，要做到抓住重點

當你被攻擊得毫無招架之力的時候，我們可以留神他們話語中的漏洞，只要抓住一點，就可以將它放大，讓他們無法再充分展開其他的話題。

●第三，學會後發制人

當對方咄咄逼人的時候，我們以守為攻，「他強由他強」。我們要採取守勢，等站穩腳跟，再趁機尋找對方的弱點，然後發起致命一擊，讓他們的咄咄逼人至此收聲。

●第四，學著將球踢回去

當對方的逼問我們無法回答，無論是肯定還是否定都會出錯時，我們可以試著將球踢回去，採用反問的辦法，讓對方啞口無言，然後達成自己的目的。

在一則童話中，國王問聰明的小女孩：「大家都說你很聰明，你若告訴我天上有多少顆星星，我便承認你聰明。」

小女孩說：「你若能告訴我你頭上有多少根頭髮，我便告訴你天上有多少顆星星。」面對這種問題不要直面迎接，以反問的方式問回去，讓對方自食其果。

●第五，學會打擦邊球，學會「胡攪蠻纏」

很多明星都會被追問自己的隱私問題，對於這些問題她們不想回答，但也避不開。比如有個記者問某個當紅女星：「現在誰在追你？」女星想了想說：「時間在追我啊。」

面對心存惡意的人，面對那些突如其來的不友好，我們一定不能退縮，要學會去反擊，一味忍氣吞聲並不能換來我們想要的東西。

總有人把你的遷就和忍讓當成無能來踐踏

密歇根大學公共政策學院的一名教授——羅伯特・艾克斯羅德（Robert Axelrod），曾在學生沙龍上做過一個關於「合作演化」的著名實驗，實驗的結果頗具戲劇性：和人相處中，雖然要與人為善，卻不能做一個爛好人。教授告訴我們，要去做一個「有原則的好人」，毫無原則的好人一定會被欺負，還有可能會帶壞社會風氣。

在我們的生活和工作中，總會遇到一些無事生非、欺軟怕硬的人。對於這些人，如果我們過於忍讓遷就，他們就會得寸進尺。很多人根據自己的切身經驗得出一個結論：「**過度的忍讓是軟弱，你越忍讓，別人就越欺負你。**」善良忍讓本身不是過錯，但是一定要有限度，不要讓自己成為受他人擺佈的羔羊。

莎士比亞在《哈姆雷特》中說道：「我必須殘忍，才能善良。」這便告訴我們，為人處世一定要學著聰明一點，有限度有節制地表現自己的同情，這樣才不會被人欺負。

成毅是一個認真上進的人，進入職場後便很快適應了職場生活。適應以後便有很多的閒置時間，他便聯繫朋友找了一份關於設計的兼職工作。

自從開始接活以後，他渾身上下充滿了幹勁，一幅幅設計稿他都儘快完成，第一時間交給朋友。有的時候為了完成任務常常加班加點，甚至在週末坐一兩個小時的地鐵和朋友商量設計稿的事情。

然而，四個月過去了，設計費的結算成了他的一塊心病。本來說好的是一個月結一次的，結果四個月成毅都沒拿到一分的酬勞。在第一個月的時候，成毅還可以說，沒事，等你忙完再結，不著急。結果等來的是，設計繼續做，設計費遲遲不結。

朋友對於薪資的說法，從過一段時間變成了對方集團給了一張空頭支票，總是一拖再拖。但成毅依舊選擇相信，畢竟是朋友，什麼事情都要留有餘地。

誰知道接下來，公司換了業務員，朋友居然開始徹底玩失蹤。

成毅終於忍不住，警告對方要付諸法律程序來解決此事，對方才很不情願地支付了酬勞，從此以後，兩人形同陌路。

人總是自私的，如果你一味付出自己的真心，而他們不給予回應，久而久之，你的付出便成了理所當然，會被視為廉價。所以，一定要有原則，有了原則才會為人所尊重。

那麼，在日常生活中，我們應該怎樣做一個有原則、有底線的人呢？

首先，為人處世不要損害自己的基本利益

用羅斯福的話來說，就是這些基本利益指的是生存、安全以及追求幸福的利益。侵害自己的利益去幫助別人，不但得不償失，次數多了，別人只會將你的幫助視為理所當然。

其次，不要以說明別人為目的去損害協力廠商的利益

就是你要幫助一個人，不要去侵害另一個人的利益。就好比你要去幫助一個貧窮的人，不要去搶劫別人的錢做資本去救助他。

第三，進退要有節

在不損害別人利益的前提下，適時表達自己的訴求，為自己爭取正當的利益。要記住，不侵害別人利益，為自己爭取利益，這樣才是符合社會行為規範的。

所以，我們可以去做一個好人，盡情地去實現自己的價值，盡情地去展現自己的古道熱腸。但是幫別人一定要控制在自己能力範圍之內，要記住幫別人是自己的好心，是情義使然，不是義務。別人的請求也沒那麼金貴，該拒絕的時候要理直氣壯地拒絕。

對於外人，不要一味地點頭哈腰，輕易使自己的立場動搖，打亂自己原本的計畫。也不要一味地忍氣吞聲，處處以人為先。只要覺得自己不虧欠於人，就應該理直氣壯地堅定自己的立場。應該用堅定的立場直面自己的人生，不要一味地成全別人委屈自己。

過度寬容等於自虐

寬容是人性的一種光芒，它漸漸成為世界和諧的主旋律，但過度的寬容卻不值得崇尚。

一九四九年，胡適在北大開學典禮上指出：「善未易明，理未易察。」聰明人是明理的，聰明人應該知道無論什麼都不應該過度，對別人過於寬容，過於善良，完全喪失了自己的底線，那就是一種自虐。

我們常常聽到「老實人容易被人欺負」的說法，這常常會讓我們有一種無可奈何的感慨：難道老實善良的人就註定要被人欺負嗎？現實告訴我們，善良的人對待其他善良的人，得到的也是善良，這無可非議。

但是如果對待窮凶極惡、不知悔改的人還是一味的寬容善良，就必定會被那些凶惡之人欺負。

賈南風是歷史上聲名最不好的皇后之一，她殺人剖腹，淫亂後宮，壞事做盡。

皇帝要廢除她的時候，楊皇后卻自告奮勇跑出來為賈南風說好話，結果賈南風性命無憂，天下卻自此大亂。

最後楊皇后本人也因她被囚禁餓死，三族並夷。

古禪宗說，懂得寬容是一種智慧，我們的寬容只能給那些懂得感恩、知恩圖報的人。如果有人無視我們的存在，整日裡想方設法想從我們這裡獲得什麼，將我們的親情、友情和人格進行玷污，那便及時收起我們的寬容大度吧。對這些人的寬容，只會失去寬容真正的意義。

對於你發自內心不想去做、不想接受的東西，學著去拒絕。允許自己拒絕別人，也能接受別人對自己的拒絕，建立自己的處世原則。讓自己的寬容帶一點鋒芒，讓自己的底線高一些，這樣才不至於縱容別人，讓別人在你的世界肆無忌憚。

面對一些朋友，你的寬容會讓友誼更加穩固。但若是這個朋友觸碰到了你的底線，影響到了你的生活，你的寬容只會讓對方覺得你好欺負。所以，縱然是面對最好的朋友也要講原則，也要有分寸。這樣做非但不會影響到你們之間的友誼，反而會讓友誼更加真誠。

寬容是有必要的，但應該是有限度的。無限的寬容只會讓有錯的人感覺不到自己的過錯，對方若是始終認為自己的行為沒有錯，你的寬容就變成了縱容。所以，無論何時，不要把別人給你的寬容當成是軟弱，也不要在自己頭上貼上蠻橫無理的標籤，做人要有自知之明。

我不是沒脾氣，只是不輕易發脾氣

相信很多人都認為保持善意是一種高貴的品質，但這種善意不是遇到什麼事、什麼人都選擇隱忍不發、任人欺凌。

真正的善意是有自己的觀點、態度。面對那些超越了自己底線的行為，要懂得進行反抗。要明白好脾氣，不代表沒脾氣。一個沒脾氣的人，只會被別人欺負得沒有容身之地。

洪強剛來公司實習時，大家便都明白這個小夥子是個好說話的人。他每天第一個來公司，掃地、擦灰、澆花，將大家的暖壺一壺壺灌好水。

中午的時候，他下樓幫所有人取快遞，替同事複印資料。別人蒙頭大睡，他一趟趟將自己累得滿頭大汗。他出門的時候，總會有人搭他的便車，儘管一個在城東，一個在城西，但他也總是繞遠路送同事過去。

所有人都以為他是從不發火的，但是某個週一的早上，洪強因為堵車遲到了。到了辦公室的時候，有人呵斥：「趕緊去煮熱水，馬上要開會，客戶要過來，沒有熱水怎麼招待？大家到現在都沒有喝茶呢，知道要堵車不能早點出門啊？」

洪強放下手中的資料，他不急不緩地站起來，向著所有人說：「我覺得大家相處得好，才處處為大家服務，平時我可以多做點，這沒什麼。但是不要把這些當成我的本職工作，我沒有義務做這些。以後，你們需要我說明可以提出來，如果我有能力幫的一定幫。不過，今天我沒有時間去煮水，請口渴的自己去煮吧，抱歉！」

說完，他開始自己的工作了，留下目瞪口呆的同事。

人都有慣性，什麼東西習以為常了，便以為是理所當然的。他們忘記了你的付出，忘記了感恩，當意識到這一點的時候，要記得鬆鬆手，不要讓別人將你的付出當成理所當然。

同時，也不要覺得哪個人脾氣好就試圖挑戰別人的底線，有些人的底線雖然能一再降低，但並不意味著徹底消失。一旦觸碰到了不可觸碰的，迎來的將是狂風暴雨。

有的人在心裡對「發脾氣」有一種錯覺，認為發脾氣會得罪人，但是只要我們是對事不對人的，對方接受以後，彼此依舊會是朋友。不過發完脾氣之後記得合理地「收」一下，大家出來工作都不容易。對方若是改正，記得表示真心地感謝，謝謝對方的理解與支持。

每個性格好的人，都或多或少會面臨一些苦惱，不知道該如何解決生活中突如其來的惡意，那麼面對這些可能到來的惡意，我們該怎麼做呢？

首先，要把自己的不滿說出來，讓對方知道你在這件事上的感受

有委屈不要藏在心裡，要把自己的不滿說出來。你不說出來，對方永遠不知道自己錯在哪裡，也不知如何去改過。

其次，理順情緒再說話

在情緒激動時，肯定不能心平氣和地說話，一定要等雙方情緒穩定下來。若是想繼續你們之間的關係，就過段時間再「算帳」，心平氣和地分析當時的感受。

第三，表達自己的憤怒不要失控

一時的情緒失控，會帶給自己很大的困擾。失去理智的處理方法，最後一定會後悔。一個善良的人若是被欺負到極致，他們便會反擊，而往往是那種平時不顯露自己情緒的人，一旦爆發就會一發不可收拾。

對於那些不懂感恩的人，我們沒必要對他們一再忍讓，好脾氣用在他們身上沒有什麼價值。所謂的好脾氣，所謂的善良，一定要因人而異。

對於那些惡人，就不要浪費我們的善良了，毫無止境的善良，只會讓他們愈發放肆，愈發地變本加厲。

遠離那些不懂感恩的人

不懂感恩的人，心裡面記得的永遠是別人的拒絕，從來想不到別人的付出。他們有一個共同的特點，就是只知道索取，不知回報。一個不懂得感恩的人，心中格局往往很小，他們可以無限制地佔用別人的資源，卻承受不了別人哪怕一次的拒絕。

愛因斯坦曾說：「凡在小事上對弄虛作、假持輕率態度的人，在大事上也是不足信的。」那些不懂感恩的人，將別人對他們的照顧只會視為理所當然，他們對世界上任何人、任何事都會怨恨。對於這樣的人，我們一定要儘快遠離。

有句老話說「恩將仇報」，很多人總是記怨不記恩，別人對他千般萬般好，他卻從來不放在心上，一次做得不好就牢牢記住了。有這種想法的人，便是不知感恩的人，只希望別人付出，而且貪得無厭。

深圳歌手叢飛二〇〇六年離開了人世，十多年來他省吃儉用，花了三百多萬元，只為資助貧寒學子。

然而，二〇〇五年他被檢查出患有胃癌，不能再演出賺錢，他資助的那些大學生竟沒有人去看他。

記者採訪一位受叢飛資助、大學畢業後留在深圳工作的人，問他能不能給叢飛一點幫助，得到的回答竟然是「我自己都不夠用」。

叢飛住院的日子，他資助孩子們的家長來了，他本以為那些家長是來看他的，沒想到他們怒氣沖沖地在叢飛病床前質問，「為什麼不給自己孩子寄生活費了？」「為什麼不繼續資助自己的孩子了？」

身邊有不懂感恩的人，我們就好像在負重前行，只有甩開這些包袱，才能輕裝上陣。不要去在意別人的抹黑，快意人生才能收穫更多。

從經濟學角度進行分析，對於那些忘恩負義人的投入，只能算作成本的沉沒，你幫對方越多，沉沒的成本越大。當你成本沉沒越來越大的時候，做決斷就更加艱難了。有的時候可能會想，已經付出這麼多了，也不怕這一次，萬一哪一天他想起我的好呢？其實說到底，很多時候也是自己的討好心態在作祟。

懂得感恩並知恩圖報的人，才是值得打交道的人。從某些方面來說，知恩圖報其實是生活的大智慧，心存感恩的人，未來才能擁有更多的可能，才能收穫更多的人生幸福。

李嘉誠當初創業時曾經流落街頭。

一天，天正下著大雨，李嘉誠無處藏身，只好躲到一棵大樹下。那棵大樹正好臨近一個學校，李嘉誠在樹下凍得瑟瑟發抖，身上的衣服全淋濕了。

他正不知道該怎麼辦，突然跑過來一個孩子，那個孩子將傘交給他說：「叔叔，你用我的傘。」

李嘉誠問：「那你怎麼辦？」

孩子說：「我跑回學校就行了，下課了記得還我。」

李嘉誠沒有料到，這傘一還就還了二十年。

李嘉誠在學校一連幾天沒有見到那個孩子，只好離開了那裡。後來李嘉誠有錢了，但他依舊囑託人在找傘的主人。

懂得感恩的人，他的心是真誠的，品質是善良的，道德是高尚的，這樣的人值得我們用心對待。

對於那些不懂得感恩的人，他們只懂得接受，不懂得珍惜，你的付出是毫無意義的。所以，對那些不懂感恩的人，及時遠離才是正確的做法，能離他們多遠便離他們多遠。

第三章

我對你好
不是讓你得寸進尺

為什麼有時候付出太多卻沒有得到應有的回報

生活中常常有這樣一些例子，家裡兄妹幾個，其中有一個人在中間付出得最多，得到的怨言卻也最多；工作中，一些人總是無私奉獻，卻總被人壓榨；朋友中，有人對朋友有求必應，但偶爾一次不能滿足對方的要求，從此便落下了惡名；戀人中，有一方視對方為生命，無限付出，可對方覺得是天經地義。

付出一旦成了習慣，便成了義務，一旦停止了付出，便會變成那些不懂感恩的人口中的「惡人」。從心理學上來講，任何人之間的交往都有功利、互換的原則，還有自我價值保護的原則。這三項原則，無論違背了哪一項，人際關係都不會好。

所以，不要一直處在付出的狀態，適時地進行示弱，適當地進行索取，這樣大家才會更加平等。

列夫・托爾斯泰寫道：「我們並不因為別人對我們的好而愛他們，而是因為自己對他們的好而愛他們。」

林一才生活在一座小城裡，在他小的時候，家族的生意做得風生水起，他的爸爸是個勤快好客又聰明的人。

林一才的父親常去歐洲各地旅遊，回來的時候總會帶很多東西和家人分享。他總是那樣和藹可親，被後輩們拉著去冒充自己的父親開家長會，被老師痛批也不放在心上。他對家族的每個人都很好，全心全意付出著。家族裡的其他人，整天什麼都不做，卻心安理得地享受著他們的股份分紅。

然而，在林一才八歲的時候，家族生意因為經濟糾紛，被一些人團團包圍，父親在人群的包圍下，再沒有走出來。

然而父親走後，林一才並沒有受到親戚朋友的任何照顧。母親一個人帶著他，一帶就是十幾年。有人拿鐵錘砸他們家的門，人群中看熱鬧的，有他的姑媽，還有他父親曾經誠心誠意對待的那些朋友。

就像一開始提到的，人與人之間的交往有互換的原則，不能在任何時候都顯示出自己強大到無所不能，要適當地去示弱。只有付出與得到之間是等價的，彼此的關係才能走得更加長遠。

無論是愛情還是友情，如果你想要對方也同樣重視這段關係，那麼在你付出的同時，也要讓對方不斷地去投入。

「佛蘭克林效應」被反覆驗證，這裡面提到：「曾經幫過你一次忙的人會比那些你幫助過的人更願意再幫你一次。」換句話說，要讓某個人去喜歡你，就要讓他為你去付出。

一味地對別人付出，在付出中失去了自我，然後心意被人踐踏，這是何必呢？若是讓別人連付出的機會都沒有，他們得到的太過輕易，又怎麼會懂得珍惜？有時候我們的付出，雖然不要求對方給予相同的回報，但至少他們要懂得去領情，若是他們連情都不領，那就不要付出了。我們的付出，應該給懂得珍惜的人。

世間的一切事情，都是一分為二的。如果你對人付出了太多，你付出的對象會領情，會珍惜，這自然是最好不過的。但若是你付出的對象已經習慣了你的付出，對你的付出從來都是接受得心安理得，這樣的付出不值得。與其千方百計地去討好別人，倒不如去關注自己，投在自己身上的目光多了，學會珍惜自己了，別人的視線也會漸漸被你吸引過來。

席慕蓉在《成長的痕跡》中這樣寫道：「**人的一生應該為自己而活，應該喜歡自己，也不要太在意別人怎麼看我，或者別人怎麼想我。**」

其實，別人如何衡量你也全在於你自己如何衡量自己。不要總是以別人為中心，不要以為付出全部就能討別人歡心，試著將更多的目光投射在自己身上。

別把我對你的付出，當成理所當然

雨果說過：「卑鄙小人總是忘恩負義，忘恩負義原本就是卑鄙的一部分。」

人活一輩子，不要總是想著去照亮所有人，這不現實。並不是所有人都會領你的情，總會有那麼一些人，將你的付出視為理所當然，把你無限制的付出，當成你為人的低姿態，從而產生更多的要求。

子曰：「以德報怨，何以報德？」意思是你若以德來報怨，那用什麼來報德呢？所以，對於不同的人，我們要區別對待，這樣才能讓不在乎我們的人懂得珍惜。

段琳夫妻當初起家的時候，還是二十世紀九〇年代，他們選擇下海經商。兩個人在車站附近開了一家飯店，因為一手好廚藝，以及當時競爭壓力小，人流量大，不過幾年時間，便有了一筆積蓄。

段琳夫妻倆合計了下，買了兩套房，一套自己住，一套給孩子作婚房，也算正式安定下來了。

段琳實現了自己的目標，便幫自己的妹妹妹夫也開了一家餐館。妹妹妹夫過來沒有落腳的地方，段琳便把自己另一套房子免費給他們住，所有人都羨慕她妹妹有這麼一個好姐姐。

十年過去了，妹妹站穩了腳跟，但一直沒有買房。

段琳的兒子大學畢業，準備在北京買房，便想著賣了家裡的一套房到北京給兒子付個首付。

誰知道段琳剛一提出來，妹妹就怒火沖天說：「不能賣我家的房子。」

妹夫更是氣得直接從廚房拿了一把菜刀：「憑什麼賣了我們家的房子，誰敢賣了我們家的房子，我就和誰拚命。」

段琳老公本就因為他們十年來不出一分租金而心生芥蒂，如今更是火上澆油，差點動手。就這樣，原本的骨肉至親，成了仇人。

那些不知道感恩為何物的人，那些享受別人的付出享受得心安理得的人，他們永遠不會珍惜對自己好的人。

李嘉誠曾經說過：「不懂感恩的人，再優秀也難成功。」

在現實生活中，多少親情、友情、愛情都敗在了不懂感恩上，若是一方總是理所當然地享受另一方的付出，這段關係無疑不會走得長遠。

我們幫助一個人，心涼的並不是他們不回報，而是他們沒有一顆感恩的心。

只想讓你付出的人，越早絕交越好

在工作和生活中，我們要對別人包容，但這並不意味著我們要不斷忍受別人帶來的麻煩，忍受別人的卑劣自私，忍受他們毫無止境地索取。有時候正是因為我們毫無底線地付出，才讓他們敢無止境地傷害我們。「器滿則傾，物極必反」，這是亙古不變的道理。我們對別人的付出也是一樣，沒有回報的付出，要懂得適可而止。

要明白，真正心疼我們的人不會捨得讓我們受委屈，真正對我們好的人不會忍心讓我們為難。我們將別人當朋友，付出了我們所能付出的一切，但他們總覺得不夠，總想著在我們身上索取更多，這樣的付出，就停止了吧。這樣的朋友，就遠離了吧。

李子琴是個很善良的人，大概是十多年前，她遇上一位貴人，從此飛黃騰達。

然而，她有個朋友，不知道是不是見不得她從天而降的「幸福」，總是無休止地想去占她的便宜。見她有衣服很漂亮，就說：「你的衣服很漂亮啊，能不能幫我買一件？」然而買了以後，從不會給錢。

朋友的母親生病了，說醫院沒有熟人，讓她先帶母親去看病，結果看病的錢就由她出了。很多人都在勸她，這樣的事情不要再做了，這完全是虧本的買賣，她卻想著已經做了這麼多，不差這一兩件，於是依舊付出著。

後來，她的兒子要開學，非要吵著讓媽媽送，朋友卻要她幫忙接母親出院。她鬧不過兒子送了他去學校，回來後卻遭受了朋友莫大的指責，像是受了什麼巨大的傷害，再不理她了。

人的欲望是無止境的，人的忍耐也是有限的。在人際交往中，我們不應該無休止地付出，當有一天我們付出不了了，或者不想做了，到時候，我們的付出只會是一場空。對於那些總是要我們付出的人，我們以自己的觀念去分析他們的心理，肯定是想不通的，他們也不會意識到自己的問題，甚至從不會覺得自己有錯。

對於那些一心只想讓我們付出的人，越早離開越好，生活中沒有了這些人，只會變得更加美好。真正在乎我們的人，不會讓我們受傷。

所以，當有一天我們真的遇到了以怨報德的情況，不要急著傷心難過，換個角度想想，這些人能離開我們的生活，何嘗不是一件好事呢？

有時候退一步，不一定是「海闊天空」

古話說得好「退一步海闊天空」、「小不忍則亂大謀」，但是這個「退一步」「忍讓」是要有界限的。本來是別人的過錯，本來應該是你爭取的權益，你不去爭取反而退了一步，這樣只會讓別人覺得你軟弱可欺。

湯梅是一個溫柔善良的女孩，她有個妹妹，性格和她完全不同。妹妹經常在家頤指氣使，不是指使父母，就是安排湯梅做這做那。

每次湯梅想要發火，她父母都會攔著並告訴她：「你是姐姐，要讓著妹妹。」於是她就一次又一次地退讓著。

有一次她加完夜班回來，想要好好睡一覺，讓妹妹出門的時候帶上鑰匙，妹妹大怒，大聲指責：「憑什麼你在家都不能給我開門？我就不帶！」然後摔門走了。湯梅好不容易睡著，妹妹回來了，在外面又喊又叫，見沒人開門，就在外面又是踢門，又是嚷嚷，鬧得周圍鄰居不得安生。

在生活中，有些人之所以敢這麼肆無忌憚，無非因為知道結果，知道自己的行為一定會被寬恕，因此愈發沒了限制。所以，生活並不是一味妥協的，你一味退讓，並不一定能換來「海闊天空」。

無論什麼時候，你給別人什麼樣的印象，別人就會用什麼樣的態度來對待你。有時候適當的強硬，會讓你得到更好的待遇。要學會站在別人立場考慮問題的同時，也要堅守自己的原則。

斯邁爾斯有言：「一個沒有原則、沒有意志的人，就像一艘沒有舵和羅盤的船一般，它會隨著風的變化而隨時改變自己的方向。」

學會爭取自己的利益，在適當的時候可以去警醒一下別人，在關鍵的時候要記得去回擊。要告訴自己，忍讓和退讓可以表現出涵養，但對於那些慣性的、無賴性的侵犯，要記得警示對方，不要讓你在對方心目中的形象總是軟弱可欺的。

即便有時候你知道，自己的反抗可能會力不從心，也可能會帶來更大的回擊，但也要堅強地去做，讓那些人知道，該如何去尊重人。

寬容和忍讓本身是沒有錯的，但是不應該將本應順勢而變的舉動視為亙古不變，不能永遠地以靜態的角度看待問題。你秉持著「我不入地獄誰入地獄」的心態對待萬事萬物，在別人看來你也只是好說話而已。

對於有些人，退一步是海闊天空；但是對於另一些人，退一步只會換來得寸進尺。任何東西都要有一個限度，不要超過這個限度，無論是對誰，自己的忍讓都不能失了限度。

有的時候，你表現得越卑微，一些好的東西就會離你越遠。在日常生活中，不要將自己的姿態擺得太低，屬於自己的要積極去爭取。

兩個人輪流付出，關係才可以持久

無論是愛情、友情還是親情，一味地付出都是不可取的。父母對子女一味付出，子女便把父母的疼愛視為理所當然；婚姻中，有一方不考慮得失地一味付出，家庭應有的責任就會極度不平衡；友情中，如果對朋友一味地付出，對方便將你的付出視為理所應當。

無論是愛與被愛，收穫和付出，都應該是平衡的。只有平衡了，雙方的關係才能維繫得更加持久。在《Give and Take》這本書中，作者將人分成三種類型：獲取者、互利者、付出者。在這三種類型的人中，作者得出一個結論：在不同行業取得成績的人中，付出者往往會更容易獲得成功。但是這裡的付出和傳統意義上的付出不同，這裡的付出是聰明地付出。

在美劇《幻世浮生》中，講述了這麼一個故事：

女主人公一直瞧不起普通的工薪階層，她如願以償通過婚姻改變了自己的社會地位。她生了兩個女兒，小女兒乖巧懂事，但她卻更加喜歡大女兒，因為在她眼裡，大兒女高貴無比。

她讓大女兒接受精英教育，讓她學鋼琴，花大價錢為她找大師，以上流社會的方式教導自己的女兒。然而，她全部的付出卻無時無刻不在引起大女兒的反感。大女兒認為她是拿不出手的，只會丟自己的臉，尤其當她得知妹妹突發疾病，而母親正和情人約會的時候，她對母親的尊重徹底消失。

於是就這樣，女主人公失去了事業，沒有了小女兒，唯一的大女兒也離她遠去。

父母疼愛子女，這本無可厚非，但如果只是一味地付出，那就變了味道。過度地付出，會很容易養出「叛逆」的孩子。在孩子小時候，往往習慣對父母的觀點全盤接受，他們並不是不願意「付出」，只是他們付出了，便無法成全父母，於是久而久之，他們便養成了不懂付出的習慣。

父母對子女的愛往往是無私的、不求回報的。但是，無論在哪裡，有個公式都是成立的，那就是愛永遠都等於付出加回報。愛是相互的，只有懂得愛別人才會得到真正的愛。只有懂得愛自己，才會真正地愛子女。

對於子女來說也是一樣，只有愛父母才可以去享受父母的愛。要記住「每個人對你的好，都不是義務的，要珍惜每個對你好的人。」同時，在你愛別人的時候，也不要忘記索取，有的時候，索取本身也是一種愛。

父母老了，他們的能力正漸漸喪失，他們會在心理上產生一種難過的感覺。做子女的，應該懷著感恩的心，在奉獻的時候也要記得適當索取。比如說一罐鹹菜，一雙鞋墊。我們可能並不需要這些東西，但是我們表達出我們的需求，可以讓父母覺得，雖然我們長大了，但還是離不開父母。

付出和索取之間是相互平衡的，不要一味地付出，這樣會給別人造成壓力；也不要反覆索取，對方會心力交瘁。保持一個平衡的狀態，該示弱的時候示弱，該堅強的時候堅強，這樣的關係才能更加和諧，走得更加長遠。

「蹺蹺板定律」，與人相處保持平衡最重要

我們每一個人所做的任何一件事，都希望能夠將利益達到最大化，人際交往也是一樣。沒有人願意時時刻刻無償地付出，卻沒有回收。付出多了，心裡總會不平衡。

著名的社會心理學家霍曼斯提出：「人際交往在本質上是一個社會交換的過程，相互給予彼此需要的，這種交換叫作——人際交往的互惠原則。」人際交往的互惠原則是很重要的，無論是在工作還是生活中，「保持平衡」這一點都不容忽視。

人與人之間的關係就像蹺蹺板，只有雙方保持一定的平衡和對等，這樣才可以和諧相處。一旦彼此的交換不對等，就會像蹺蹺板一樣失去了它的平衡，這在心理學上被稱為「蹺蹺板定律」。

王子洋性格開朗，為人處世大大咧咧。他從國內名牌大學畢業，畢業後又到國外深造，拿了研究生文憑，再加上是獨生子女，為人處世總有一種優越感。

久而久之，同事們對他的不滿越來越多，「憑什麼要讓我幫他買便當」、「憑什麼要我給他發傳真」、「他要我給他取快遞但他卻從來不幫我取」。他總是心安理得地讓別人幫他做事，卻對別人的請求不管不顧。

他剛請同事幫他列印了很多東西，下班的時候同事加班，母親到了車站顧不上去接，請他幫忙去接一下。但他卻以女朋友在等為由，輕而易舉地拒絕了朋友的請求。

以後，對於他請求別人做的事，別人再也不會隨便答應了，王子洋忽然感覺自己在公司孤立無援。

其實，對於這些人，有時候他們並不是有意不去幫助別人。只是他們凡事只考慮到了自己，覺得自己是最重要的。

他們就好像坐到了蹺蹺板的頂端，維持了高高在上的位置，忘記了該如何去和別人互動。

以自我為中心，是人際交往的障礙，它會阻止我們的人際關係向正常的方向發展。這些以自我為中心的人，只是關心自己的利益得失，從不去考慮別人的利益。任何事情只站在自己的角度看，盲目堅持自己的觀點和意見，這樣的人註定會缺少朋友。

無論是個性使然，還是不懂社交技巧，在人際交往中，我們都應該意識到，無論何時何地，要學會保持利益的平衡。

要注意下面幾點：

首先，平等對待每個人

在我們身邊，無論是貧富差距，年齡長幼，在人格上大家都是平等的。我們不能將自己看得太重，將別人看得太輕，或是憑著自己的優勢將別人拒於千里之外。

對於所有人，我們都應該給予應有的尊重，學會平等對待每個人。尊重對方的人格、習慣、隱私等。

其次，努力幫助他人

「幫助他人是一種美德」，我們步入了社會，就該意識到這一點。每個人都有遇到困難的時候，每個人都需要別人的幫助。

如果在別人需要幫助的時候，你沒有伸出援助之手，那麼，在你面臨困境的時候，你該如何去要求別人來對你施以援手？所以，聰明的人知道，幫助別人不僅僅是一種美德，還是一種投資。

最後，增加自己的價值，縱然是「被利用」的價值

交際是相互交換的，如果你想要吸引別人，那就要增加你自身的價值。

一切的人際關係，都建立在交換的前提下，一切的人際關係，都是人們根據一定的價值觀進行的選擇。那些值得的人際關係，應該保持，對於那些不值得的，或者失大於得的，人們往往傾向於遠離，所以，增加自己「被利用」的價值。

一個心理學教授做過一個實驗，他隨機進行抽樣，給一群素不相識的人寄去了一些聖誕卡片，教授知道應該會有一些回音。但他沒有料到，大部分收到卡片的人，都給他回了一張，事實上，他們都不認識他。

這個實驗雖小，卻證明了互惠定律的作用。人們常說的禮尚往來，也是互惠定律的表現，是人類行為中一條不成文的規矩。知恩圖報，彼此間等價地你來我往，有助於繼續交往，在親密的朋友間，雖然不一定要馬上回報，但也不等於不報。

人與人之間的友誼和互動，就像蹺蹺板，要高低交替才能彼此和諧。一個只想著占別人便宜的人，只會遭到別人的討厭和疏遠。

為什麼你真心地付出，換來的卻是傷害

二〇一七年六月廿二日，保姆莫某一把火燒掉了主人的豪宅。同時，熊熊大火帶走了女主人和她的兩個兒子、一個女兒的生命。

男主人一早接到親戚的緊急電話，從廣州飛回杭州，再來到西溪路上的太平間時已是十二點半，四個抽屜一個個打開時，他夢遊一般癱軟下來。「我看到女兒兩個眼睛睜著閉不上時，我崩潰了，我抱著我老婆哭，我看見她有眼淚出來……」

更讓他崩潰的是，公安機關已認定是他們家的保姆莫某在客廳裡點燃一本硬面書縱的火。他至今仍難以相信，他說：「我們對她那麼好，從來沒有吵過一次架。」

社區的鄰居也說：「她家的保姆是最貴的，七千五百元，下午還可以休息，我們家是沒有這樣的。」「他們對保姆真是好得不得了，那保姆說缺錢，他們立馬說我們借給你。」

問題或許恰恰就出在這裡，他們對她太好了，結果反而害死了自己。我們總是以為「善有善報」，提倡用「真心去換真心」，但結果也可能是善換來的是惡報，真心換來的是傷心。

為什麼？因為給保姆開出遠高於行業內的薪水，給她別的保姆不曾享有的下午休息特權，給她的兒子寄自己經營的童裝品牌，把她當親人對待，給她配寶馬車……這些累積在一起的好，因為太多，反而變得廉價了。

所謂「過猶不及」說的就是這個道理，不要認為，一味地付出就能換取同等乃至更多的回報。事實有時候恰恰相反，這就是為什麼古人說「升米恩，斗米仇」。

一個人饑寒交迫的時候，你給他一碗米，他會感恩不盡。如果繼續給，他就會覺得理所當然。他的胃口也會越來越大，一碗米不夠，兩碗米不夠，三碗四碗還是不夠。

尤其是想到你家裡堆滿糧倉的米，他反而會覺得你給的還是太少。憑什麼你有滿倉的米，他自己卻只有幾碗米，而且就這幾碗米，還要對你千恩萬謝，感恩戴德？

這種想法一旦產生，麻煩就來了。也許，他會趁你不注意，偷偷從你那裡拿走一些米。然後被你發現，尤其是你要去告發他，讓他去承擔自己罪行的時候，他會因此仇恨於你。

到此，他對你的感激之情已經消失殆盡，取而代之的只有滿腔的怨和恨。報復，自然就成了理所當然的選擇。而這時，你恐怕還一臉不解：「啊，我對他那麼好，他為什麼要這樣對我？」

正是你的好勾引出了他的惡，並一點點養大了它，直至最後變成殺人不眨眼的惡魔。

對一個人好有錯嗎？

沒錯，但不要考驗人性。如果沒有原則，沒有底線地對一個人好，就等於拿著金錢名利去考驗一個人人性裡的貪婪。貪婪是經不住考驗的。

那麼，該如何表達自己的善呢？

表達善，要有界。

什麼是界限？心理學家武志紅說：「所謂界限，就是『我的』和『你的』，是分得很清楚的。這是『我的』家，『我的』財產，而不是『我們的』。我不侵入你的空間，你也不要侵入我的空間。」

如果失去了界限，就會產生一種「共生現象」。這是心理學上的一個效應，說的是在自然界，一株植物單獨生長時，往往長勢不旺，沒有生機，甚至衰敗枯萎。而當眾多植物一起生長時，卻能挺拔茂盛，鬱鬱蔥蔥。人們把這種相互影響、促進的現象稱之為「共生現象」。

共生現象不僅發生在自然界，在人與人之間也有。一旦雙方將自己的邊界放開太多，就會陷入共生關係，結果就會給對方「我的就是你的，你的也就是我的，我們是一體的」感覺。而一旦一方無法滿足另一方，另一方就會產生一種深深的背叛感。而當時給的越多，這種背叛感就越強，進而全都轉化為恨。

縱火案的雇主恰恰就是因為忽略了自己與保姆該有的界限，並不斷突破界限，結果製造了一種共生關係。讓保姆有了一種錯覺：我從你這兒拿多少東西都是應該的，都是理所當然的。而當雇主因為發現她偷竊，忽然意識到這個邊界時，保姆就會覺得雇主背叛了她，從而生出怨恨。

有些你自以為是的善，其實並不是善，而是助長惡的罪魁禍首。

要做個好人，但不要做爛好人。這些所謂的善良的人，把善變成了一種廉價的東西，這不是善，是讓惡生長的溫床。你的善應該是世界上最昂貴的奢侈品，要珍惜著用。

你的付出要有價值，至少要讓對方在接受的同時，付出必要的代價。只有他在接受的同時付出，你的付出才會被他珍惜。

無論是在一個家庭裡，還是在做慈善時，都不要做一味的犧牲者。犧牲越多，最後的命運往往越悲慘。

真正的善良，不是一味地付出，而是成熟的選擇；真正的善良，是恰到好處，不是過猶不及。

第四章

為什麼你的善良會被人利用

是非不分的善良是愚蠢

善良是一個人最基本的品質，心存善良，這是人生的智慧。但是善良一定是要有原則的，沒有原則的善良只會縱容別人的缺點，這樣的行為會在無形中傷害到你。

孔子亦云：「君子有所為，有所不為。」這個世界，從來不缺善良，缺的是理智和克制。

善良是要有原則的，向惡人講善良只會害了你自己。人生在世，最重要的是可以區分是非曲直、善惡美醜。若是選擇了去幫助別人，就要先去瞭解他們，不要讓自己的一腔好心反過來傷害了自己。

《射雕英雄傳》作為金庸的代表作之一，不只是纏綿悱惻的愛情故事讓人留戀不已，更讓人回味無窮的是盪氣迴腸的豪俠精神。

故事的一開始，郭、楊兩家就被仇人追殺，郭、楊兩位大俠雙雙犧牲，身懷六甲的郭氏更是流浪大漠，堪堪撿了一條性命。

造成這一幕悲劇的就是以善良聞名的楊氏包惜弱，她善良得連隻雞都不敢殺，連隻螞蟻都不忍踩，她救了大金國王爺完顏洪烈，而這個人直接造成了郭、楊兩家的悲劇。

善良是要有底線的，有原則的善良是大善，是非不分的善良是愚蠢。它不僅混淆了大眾對一件事的正確判斷，而且助長了真正的惡。

哈耶克說：「**當善良失去原則的時候，可能比惡還惡。**」

在這個世界上，氾濫的善良是從來不缺的，缺的是原則和理智。善良若是沒有了原則，讓它毫無節制地在這個世界上橫行，或許會變成最大的惡。

至於好的善良，用對了方法，它回饋到自己身上，也是很好的。

在炎熱的撒哈拉沙漠，那一帶被稱為「死亡之海」，進去的探險者往往都有來無回。

一支考古隊進入了沙漠，但他們發現這裡的骸骨隨處可見。隊長便讓大家停下來，將骸骨掩埋起來，還用樹枝，石塊立上了墓碑。

很多人在抗議，說什麼我們進入沙漠是為了考古，不是為了收屍。但儘管如此，隊長還是要他們去處理骸骨。

一個星期後，考古隊終於發現了文物，這些文物足以震驚世界，當他們準備離開時，卻突然刮起大風暴，在大風暴的影響下一連幾天都不見天日，指南針也失靈了，考古隊完全迷失了方向，食物和水也變得匱乏，他們終於明白，為什麼一路上會有那麼多的屍骨。

這個時候，隊長忽然想起他們一路上掩埋的那些白骨，那些白骨完全可以作為路標，指引他們走出去。後來，他們在那些「墓標」的指引下，終於走出了「死亡之海」。

善良並不是完全地將自己犧牲，然後去成全別人，有原則的善良才不會辜負了善良的真諦。

善良不應該是毫無底線的，「升米恩，斗米仇」的例子並不少見，過多的善良會養出太多的「忘恩負義」。同樣，對於他人的善良，我們要心懷感恩，及時對他人進行回報，而不能心安理得地接受。

對於那些以你的善良為藉口，進行肆意利用的人，一定要狠下心來。不要為了他們的評價，一再地將善良浪費在他們身上，善良的窗戶沒必要對那些不知感恩的人隨意打開，因為這會讓你的善良越來越廉價，直到丟失了你自己的原則。

《奇葩說》中有這麼一句話：「善良是很珍貴的，但善良若是沒有長出牙齒，那就是軟弱。」所以善良一定要有底線，一定要有原則，不要隨隨便便、更不能是非不分。

不可屈服於「我弱我有理」的威脅

因為要照顧那些弱小的人，所以常常犧牲自己的利益。本以為助人為樂便可以維持彼此的關係，但一次次無止境的消耗，讓我們內心逐漸產生了怨氣。有時候，過於呵護那些所謂的弱者，只會讓我們一次次陷入困境。

徐穎在公車上經歷了這麼一件事。她那天上了一天班，上了公車便累得睡著了。睡了五分鐘左右，就被人推醒了。她一睜開眼就看到一個老太太對她大聲指責：「現在的年輕人真是完了，都不懂得敬老尊賢嗎？沒看到旁邊站了一個老人？」

徐穎見老太太拄著拐棍，趕緊起身讓座，一邊解釋自己是睡著了。老太太依舊罵罵咧咧：「非得有人罵才給讓座嗎？」

然而，公車剛走了五分鐘，老太太忽然發現自己坐錯了方向，她連聲喊著讓司機停車。司機說：「我們有規定，不能隨便停車。」老太太竟然拿著拐杖開始砸門，甚至將拐杖砸到了司機身上，直到司機無法忍受將車門打開。

生活中，許多人習慣使用情感作為操縱手段，喜歡通過示弱來獲取自己想要的東西，或者總是以弱為理由強制別人做一些事情。在這樣的情況下，妥協和退讓是沒有用的。我們既想顧及情感，又想處理好自己的事情，這往往會讓我們處於被動的局面，最後一無所得。我們必須調動自己的思維，果斷做出自己的選擇，這樣才能防止被他人情感綁架。

同時，在我們生活中，「弱者邏輯」這個詞越來越多地出現在大眾視線。存有「弱者邏輯」的人，往往會對別人有一種依賴心理，認為憑著弱者的姿態理所當然地就應該被別人幫助。對弱小的人提供幫助，這是應該的，但若是有一些人披上了弱者的外衣，一味地向我們進行索取，這只會形成一種惡性循環。面對這樣的情況，我們要做的只有拒絕，不要讓自己無緣無故背上道德的枷鎖。

沒有誰規定弱者必須被原諒。如果我們必須要選擇原諒，那麼對於那些窮困潦倒的殺人犯，對於那些缺少關愛的強姦犯，我們是不是都應該選擇原諒？有的作家涉嫌抄襲，很多粉絲跳出來說，抄襲怎麼樣，你知道他有多努力嗎？有些歌手侵權翻唱，為博取同情，流著眼淚說當時住地下室吃了多久的泡麵，於是又有很多人會說，我們該原諒他，他曾經那麼可憐。

於是，那些本該值得同情的正義者便只能無奈地放棄自己的權益，而這些所謂的「弱者」便可以打著弱者的旗號繼續橫行，這是極不公平的。如果這個社會要求我們對這些弱者無條件的優待，對他們的行為必須忍氣吞聲，那麼我們又應該怎樣出門呢？

對於我們來說，不要總是以弱者的姿態向他人尋求幫助，不要總是做「索取者」，索取多了，總會讓那些「付出者」逃離。同時，也要學著向那些總是向我們索取的人說「不」，敢於說「不」才能維護好自己的權益。最後，在拒絕別人之後，不要過多地責怪自己，那些過度索取者總是要被拒絕才能醒悟。

「強者自力更生，弱者傍人籬壁」，弱不是藉口，而是應該成為自身努力的動力。

你的好付給懂得珍惜的人才有意義

「我給你一顆糖，你看到我給別人兩顆，你便對我有了看法，但你不知道他曾經給我兩顆，而你什麼都沒有給我。」

朋友圈中有一種人，他們只想向你索取，如果你一直無止境地給他送糖，那麼他早就沒有接受第一塊糖時的感動。一旦停止了贈送，他們甚至會由最初的感恩變成憤怒。

與人為善這是必然的，但若是對方從來不懂得珍惜，那麼付出也沒有什麼必要。善良不應該是廉價的，所謂的好要付給懂得珍惜的人才有意義。

鄭州一家名叫「五穀坊香窩窩」的私營饅頭店被清道夫大吵大鬧，差點砸了店面，而起因竟然是因為做好事。

店主劉夢華開辦雜糧饅頭店不久，看到清道夫加班鏟雪，很是感動，便決定為他們做點事，於是在小店招牌旁寫下：免費領饅頭。

清道夫憑著自己的工作證每天可以領五個饅頭，只為讓辛苦一天的環衛工人有口熱飯吃。

出乎意料的是，前來領取饅頭的清道夫越來越多，堅持了十幾天後，店主深感成本壓力，他只好將五個饅頭改為三個。

在三月下旬，清道夫照例排成長隊領饅頭，負責發放饅頭的老闆娘發現有三個清道夫已經辭職，於是拒絕給這三個人發饅頭。

結果三人破口大罵，他們說：「免費領饅頭是公司給的福利，公司給你們那麼多錢，結果現在我們一不上班就不讓我們領了，你們太不厚道了。」還有人說：「我們不是一天可以領三個饅頭嗎？饅頭我不要了，你把兩塊四退給我。」

劉夢華一家人感到很心寒，自己做了好事不被人感激也就罷了，還被他們無端指責。在自家人的商議下，只好悄悄將「免費領饅頭」的告示摘下。

的。

所以，對於那些不知道感恩的人，一定要記得遠離，朋友是寧缺毋濫的。

世間之人那麼多，總會有人把你的善良當成好欺負，把你的慈悲當成遲鈍，把你的寬容當成笨拙，把你的風度當成懦弱。但是我們每個人都有自己的一片天，若是因為不肯自降原則討好別人便被指指點點，則沒必要耿耿於懷。我們的世界還輪不到他們品評，不要讓別人的霾遮住我們自己的天。

心軟被騙！警惕有人正在利用你的善良

《三字經》中寫道：「人之初，性本善。」然而在這個漸顯浮躁的社會中，很多人漸漸地迷失了自己，這實在是整個時代的悲哀。儘管如此，我們依舊相信世界的真善美，依舊相信這個世界並非只有冷漠。

所以，在這樣的情況下，我們一定要學會去識別，善良該善良的，友好該友好的，遠離該遠離的，不要讓自己的善良被人利用。

有句老話說：「知人知面不知心，畫虎畫皮難畫骨。」

我們將一些人視為我們的知心朋友，恨不得掏心掏肺、互訴衷腸。

然而，酒桌上哥倆好的朋友轉身就選擇了出賣，相濡以沫的愛人轉頭就選擇了背叛。並不是因為他們的心變壞了，只不過是我們自己缺乏對人性的洞察。

王壢和同事一起回家，在路上遇到了一對青年男女。男青年叫住他們，他們本以為對方是問路的，誰知道對方一開口就是問有沒有帶零錢。

「我們忘了帶錢包出門，能不能借我們一些零錢，讓我們去買點吃的。大家都是年輕人，我們如果不是沒有辦法，也不會開口借錢。」

王壢和同事相視一眼，轉身離開了現場。身為年輕人，縱然是沒了現金，還有手機可用，即便是手機不能用，有手有腳總不能將自己餓死。不做任何努力只想向別人借錢，這樣的行為實在不值得同情。

現如今在網上輸入「街上要錢吃飯」就會出來很多事例。這些人專挑學生和女性下手，只因為這些人容易心軟。

有的人現身說法，說當時在讀高中，遇到一個五十多歲的女人，那女人看起來很是憔悴，問他有沒有一百塊錢，說自己找不到路，已經三四天沒吃飯了。

那人一時心軟，便將自己一個星期的生活費全給了她。但是高三畢業後，他發現那個女人還在用同樣的說法在騙錢，他這才知道自己被騙了。

心軟是一種善良，因為體諒別人的不容易，所以竭盡全力報以寬容。但是，有的時候，心軟也是一種「病」，你對別人寬容了，反而可能受騙。經過調查發現，心太軟的人很容易吃這幾種虧。

●容易被騙

心軟的人經不起別人的請求，耳根子比較軟，對方說得多了，他們就失去了辨別是非的能力。就好比一個賭徒和他們借錢，儘管知道不能信，但也經受不住對方的軟磨硬泡，他們一發誓，心軟的人就選擇相信。但是有理性的人都知道，賭徒的話是絕對不能相信的。

●容易被利用

《歡樂頌》中樊勝美剛開始是心軟的，她經不起母親的哀求，但是她的心軟換來的是不停地填補家裡的窟窿，還有她哥哥肆無忌憚的揮霍。

●給別人傷害自己的機會

心軟的人總是更容易受傷害，明明知道是對方騙了自己，但是只要對方惺惺作態地去求情，他們就不再計較了。然而有的人根本就不會悔改，原諒等於是縱容對方的錯誤，只不過給自己多了幾分被傷害的機會。

●難成大事

做事瞻前顧後、難以取捨是他們的最大毛病，他們做決定時總是優柔寡斷，缺少獨立的思考。他們總是對全域缺少判斷，這樣的人是難成大事的。

心軟的人，常常選擇成全別人委屈自己。但是，這樣的成全不一定能換來別人的感激。所以，做人不要太心軟，該決絕的時候就決絕，該強硬的時候就強硬。千萬不要委屈了自己也傷害了別人。

善良的你，幫助別人時要多留個心眼

在生活中，很多人都喜歡行善德、做善事。遇到別人有困難，總是忍不住竭盡全力去幫助別人。但是要明白的是，人在旅途，暗潮洶湧，在我們的人生之路上，不光需要勇敢與堅強，還需要一定的「心機」，需要一些高明的處事方法。

做人有「心計」，並不是一件不光彩的事情，而是要我們在為人處世中，講究方式方法，講究變通之道。

《鬼谷子》作為一部縱橫學著作，裡面提到：「謀之於陰，故曰神；成之於陽，故曰明。」在這裡，鬼谷子定義了陰謀的概念，他說：「陽不如陰，正不如奇，陽謀不如陰謀，正謀不如奇謀。」

當然，我們這裡並不是主張要陰謀對人，而是無論何時，都要留一個心眼。行走社會，沒有任何心眼的人往往會吃虧。

趙瑞剛剛結束高考去找同學玩耍，晚上回來的時候看到一個老人坐在馬路中間呻吟，頭上還帶著血跡。他見路上雖然有行人經過，卻沒有人去管，他沒有多想就去把老人扶了起來。

有人看老人頭上流著血，就直接叫了救護車。當救護車到的時候，事情發生了戲劇性的變化，老人指著趙瑞說：「是他，就是他把我撞倒的。」

趙瑞頭疼，不想多做糾纏，轉身要走，卻被老人拖住自行車不讓其離開。最後好在調出了監控錄影，證明了趙瑞的清白，不然做了好事，還得惹自己一身腥。

幫助別人，是要看人的，有的人會選擇珍惜，不忍心欺騙我們的善良，但有的人心裡或許只想著利用。在幫助別人的時候，我們要懂得用智慧分辨一個人的人品，若是對方只想著利用，我們便應該小心。

也不要因為受過別人的騙，便從此對幫助別人失去了熱心。人與人總是不同的，不要以偏概全。對於以前發生的事情過去了便過去了，不要時時刻刻掛在心上。對於那些真正在意的人，我們更應該多一點寬容。

羅素曾經這樣說：「**若理性不存在，則善良毫無意義。**」在幫助別人的時候，要保留自己的智慧，試著學會去「算計」。

算計並不一定都是貶義詞，試著做一個有心計的「智慧人」，讓那些小人有所顧忌，讓他們想要在你身上算計的心消失在萌芽中。

內心缺愛的人，最容易上當受騙

「一個自小缺愛的人，最容易上當受騙。」因為只要別人對他們有那麼一點點的好，他們就心甘情願地對別人好，在這樣的情況下，他們往往會輕易地迷失了自己。

而對於那些從小在愛裡長大的人，因為收到過足夠多的關愛，他們深知愛一個人是什麼樣的，所以不會因為別人對自己的一點好就感激涕零、不知所措。他們一般不會隨意盲從，總會保持自己的理智，所以他們往往會找到真正對他們好的人。

亦舒的小說《喜寶》中，姜喜寶總會說這麼一句話：「我一直希望得到很多愛，如果沒有愛，很多錢也是好的。如果都沒有，我還有健康，我其實並不貧乏。」

姜喜寶為什麼總是希望得到更多的愛？

看一下她的人生經歷就知道了。自小父母離異，她的父親永遠不關心自己女兒的生活，她也從不願意和父親多說一句話，在名牌大學讀書，卻沒有錢交下學期的學費和生活費，連相依為命的母親都離她而去。

正是因為這樣的生活背景，她才極度渴望得到更多的愛。所以，當年紀可以做她父親的人勖存姿出現的時候，她才會選擇投入他的懷抱。

那些內心缺少愛的人，大部分都有著極大的不安全感，這些會導致他們喪失對自身的歸屬感。他們苦苦追尋著，想讓自己有個依靠，那些稍微對他們好一點的人就會讓他們覺得那是他們的救星。他們害怕面對自己的內心，害怕自己的人生由自己一個人面對。所以，他們為了獲得別人的關愛，往往會付出很多，甚至可能通過犧牲掉自己原本的東西去換取另外一些東西。

日本電影《令人討厭的松子的一生》中，主角松子的一生著實令人唏噓。她先後經歷了五段感情，每段感情都是全心全意地付出，她希望自己能獲得別人真心的對待，但一次次地付出，只換來了一次次的失望。

在這部片子中，松子說的幾句話讓人印象深刻。

「只要我忍讓能帶來和平，那我忍讓一下也無所謂。」

「只要我不是一個人就行。」

「只要有愛，我就能活下去。」

那麼，再回顧她自小的生存狀況，就知道她為什麼會有那樣的價值觀。

松子有一個弟弟和一個妹妹，她的妹妹體弱多病，父親便將所有的愛給了妹妹。即便松子自小學習很好又很聽話，卻很少得到父親的愛。她記憶中得到的唯一一次父愛，就是吃到了父親買的煎薄餅。

後來，懂事聰明的松子變了，為了得到父親的關注和認同。她開始通過自我醜化來取悅父親，工作之後為了獲得安寧取悅同事，在愛情裡為了取悅男人而犧牲自尊。

這樣的松子可憐又可悲，到了五十三歲，她終於想通的時候，卻被幾個街頭混混毆打而喪命。

內心缺愛的人往往是可悲的，是脆弱、敏感、自卑的，在這些負面因素的影響下，他們經常會將自己的人生過得一塌糊塗。

那麼對於這些從小就缺愛的人有什麼好的建議呢？如何讓他們逃離極度缺愛的桎梏呢？

首先，要學會自己愛自己

小時候缺乏關愛，不接受自己，總是將自己放在卑微的地方。在這樣的情況下，首先應該先接納自己，如果連自己都不能接納自己，怎麼能得到別人的接納。過去的事情過去了就劃上句號，試著去尊重自己，不要在心裡將自己看得太低，這樣別人也不會將你看得太輕。

其次，追本溯源，從源頭上解決問題

瞭解自己原來的家庭和對方的家庭，分析兩個人的家庭會給彼此帶來什麼樣的影響。將自己家庭的問題搬到明面上，和對方一起來面對。不要總是將它藏著掖著，不好的事情捂久了，會發酵得更加糟糕。

第三，注意調整自己

如果你發現成年後的戀愛經歷，總是有各種各樣的問題，務必先停下來調整自己。想要投入新戀情的建議看《新規矩：如何讓你心儀的人愛上你》，由美國約會教母艾倫・費恩和雪莉・施耐德所著，這本書不一定真的能讓你找到一個心愛的人，但遵從這本書裡的大部分建議，至少可以讓你避免一段不好的戀情。

最後，對於自己的怨恨不要逃避

有的人會因為自己對父母的怨恨而產生強烈的愧疚，認為自己不該有這樣的想法。但每個人都不是聖人，這樣的愧疚感會傷到自己，找一個可靠的人，適時地將愧疚感表達出來，不要憋在心裡。

內心缺少愛的人，不要總是希望別人來愛你，努力提升自己，讓自己充滿愛，然後去傳播愛、付出愛，這樣才能得到愛。一味寄希望於別人的愛來獲得自我滿足，總是會失落的。

第五章

你吃了那麼多虧
有福了嗎

不要以為所有吃的虧都會變成福

虧可以吃，但是吃虧一定要堅持自己的底線和原則。比如，在日常生活中，我們的合法權益受到侵犯，人格尊嚴受到侮辱，面對這些問題，我們要做的是據理力爭，而不是以「吃虧是福」這樣的藉口來自欺欺人。因為有時候，我們自以為是的「吃虧是福」，只不過一次又一次助長了侵犯者的囂張氣焰。

《羋月傳》中有這樣一幕：

樊長使的兒子公子通在園中玩狗，太子蕩將他推倒，並搶走了他的小狗。小狗將太子蕩咬傷，太子蕩一怒之下殘忍地將狗摔死。

很短的一幕，卻暴露了人性的弊端。

公子通的母親樊長使，是一個將吃虧當成家常便飯的女人。無論何事，她都選擇息事寧人。這個女人要的不多，只希望在後宮能有一席之地。然而，她一再地忍讓，換來的不過是對方的步步緊逼。

最後，公子通實在無法忍受太子蕩對他的凌辱，他向母親哭訴，這個膽小的母親卻什麼都幫不了他，最終只落得以自殺的方式了結了自己的一生。

這便告訴我們，虧，可以吃。但吃的這些虧我們一定要做到心中有數，一定要清楚哪些虧該吃，哪些不該吃，還要清楚吃虧的時候應該怎樣辦。

能吃虧、會吃虧，是人生的一種境界，是一種坦然的表現。但是絕不是說所有的虧都要沒有選擇地去吃，如果一件事、一段關係，已經讓你按捺不住自己的情緒，那麼為什麼還要大度地說吃虧是福呢？

無論是生活還是工作上，那些看起來強勢的、不好欺負的人往往能獲得最大的利益，儒弱的人反而處處受限，這就是所謂的「人善被人欺，馬善被人騎」。

人們常說的「吃虧是福」其實本身就是一個利益交換等式，有些啞巴虧是堅決不能吃的，那樣只能使自己白白受損，有些虧要善於吃才能換來真正的「福氣」。因此，暫時損失眼前的利益去換取長遠的利益，這才是真正意義上的「吃虧是福」。

所以，在一些非原則性的問題上，我們該吃的虧可以吃，該讓的步可以讓，絕對不能睚眥必報，否則會損失很多朋友。但在一些原則問題上，我們一定要堅守自己的底線。

遭遇搶功，你發聲了嗎

初入職場，你是不是遇到了這樣的問題：辛辛苦苦做出來的東西被別人三言兩語搶去了大半的功勞。明明是你嘔心瀝血得出來的成果，轉個手卻成了別人的東西。

你怒不可遏，深感不公，想大發雷霆又怕惹怒老闆觸犯同事。想忍氣吞聲，卻無論如何咽不下這口氣。深感迷茫，卻無能為力，不知該如何去做。

孟程瑩剛入職場不過兩個月，這兩個月，她比其他同事都要累。掃地、擦桌子、影印文件……能做的不能做的，都要她去做。同事有什麼不想解決的都交給她，她都樂呵呵地接受，常常是大家都走光了，她自己一個人加班到深夜。

同事做企劃案時遇到問題，點名要她幫忙。她便答應，於是她每天除了做自己的分內工作，還要幫其他同事做雜活，幫著做企劃。

老員工要孟程瑩幫忙是有原因的，他們的思維已經太過陳舊，現在急需孟程瑩這樣的新鮮思路來衝擊一下。

孟程瑩便跟著對方東奔西跑，在大太陽下調查資料，去實地考察，沒想到老同事後來乾脆直接就把所有的工作都交給了她。最後，她熬夜將企劃整理好交給了老員工，企劃通過了，她自己卻累得住進了醫院。

她從醫院回到公司，發現那提交上的企劃案裡，從頭到尾沒有提過她一個字。辛辛苦苦的努力，轉眼便全部成了別人的成果。

人們通常認為「好人有好報」，就像孟程瑩心裡認為的，做好事理應有一個好的回報。別人的感激暫且不說，最起碼企劃案上應該加上她的名字。

其實職場上這種情況很普遍，你辛辛苦苦想出來的東西，別人三言兩語便將你的功勞轉走了大半。更有一種職場搶功的高手，他們的話綿裡藏針，不著痕跡地顯示了他們的功勞，而你卻沒有絲毫的著力點。

這樣的情況讓人著實窩火，面對這樣的情況，應該怎麼做？是選擇沉默，還是選擇爆發？或是憤憤不平地向老闆哭訴？

這些處理方式都是不恰當的。選擇哭訴之人，如果局面已定，你再去做什麼，反而有種搬弄是非的嫌疑。即便老闆選擇了相信你，也會覺得你這個人喜歡斤斤計較，成不了大事。而選擇沉默之人，只會助長那些「搶功者」的志氣，滅自己威風。而如果選擇針鋒相對，初來乍到一個公司，便給同事一個不能容人的印象，這樣也不合適。

更有一種人，他們「寧為玉碎，不為瓦全」，自己權益受到了侵犯，於是毅然決然選擇離開公司。這樣的做法更不可取，遇到問題，你不去解決它，那麼下次遇到了，你還是解決不了。

那麼，面對這樣的職場搶功，我們到底應該怎麼辦呢？職場專家給我們提出了建議。

首先，要學會去展現自己

古語雖說：「酒香不怕巷子深。」但在如今，人才濟濟，你不去毛遂自薦，一定會在沙堆裡被埋沒很長時間。職場中，展現自己是門學問，也是職場的必修課，只有將你的才能讓老闆看見了，在未來的職場生涯中，你才會有更多的機會。

其次，學會在工作中留一手

你不要事無鉅細地將所有東西對別人說，因為這些可能變為他搶功的資本。給自己留點底氣，在會議上，當著老闆的面講出自己的觀點，講出那些細節的東西。這樣，大家便會明白，其實專案的大功臣是你，而那些人不過是好功者而已。

第三，要明白忍一時風平浪靜

在工作中，存在利益之爭是一定的。面對這樣的問題，我們不妨退一步，伺機而動。一個真正有才能的老闆，他的眼睛是雪亮的，他知道哪個人是真正有才的，哪個人是只會耍嘴皮子的功夫。如果搶功的人是你的上司，那麼也正說明，你的能力得到了他的認可，如果他能夠升遷，那麼你的機遇也就來了。

我們要明白，既有老虎的威猛又有烏龜的壽命，這樣的動物是不存在的。若是你覺得什麼樣的代價你可以承受，那就去做。只不過要記住的是，腳踏實地，以自己的真才實學為公司出力，努力使自己走得更高更遠。當你成長到別人無法忽視的時候，便沒有人敢再去搶你的功勞。

坐等恩賜不可取

有句老話說得好：「老實人吃啞巴虧，會哭的孩子有奶吃。」無論是生活還是職場中，要想「有奶吃」，就要懂得為自己爭取利益。因為在公司，若是連你自己都不為自己爭取，本該屬於你的利益你不去拿，那麼是不會有人幫你的。在生活中亦然，本該屬於你的利益你放棄了，勢必會被別人侵犯到頭上。

有很多人都以為，在工作中，做一個好員工就是做一個聽話的員工，不能和老闆談條件，要無條件地服從老闆的安排。但是，你要知道若是你的機會到了，你選擇默不作聲，這將成為你前進路上的最大阻礙。所以，屬於你的利益一定要主動去爭取。

徐溫是一個很有上進心的青年才俊，初入職場，處處想要表現自己，處處想要得到別人的認可，他也確實得到了主管的器重。

但是他逐漸發現，一遇到重活累活，主管最先想到的就是他，然後主管會語重心長地告訴他，他前途無量。但一遇到什麼好的事情，主管完全將他拋之腦後，什麼優先，什麼榮譽，跟他完全沾不上邊。

眼看著大好的機會白白溜走，他只能乾著急。

後來，帶他的師父有意無意地提點他：「你著急，你去爭取了嗎？是你的，就要去主動爭取，等著別人的施捨，永遠也拿不到自己想要的。」

於是以後結算工資的時候，他有意無意地「斤斤計較」，哪怕是十幾塊錢，該是自己的，怎麼也要揣到自己兜裡。但後來一次很好的機會，他將提成的幾萬塊慷慨地分了一半給同事，因為同事在其中穿針引線幫了很大忙。

一次和老闆閒聊，老闆很疑惑地提起這件事，徐溫笑著對老闆說：「是我的，我一定要去爭取。那是毫釐不能讓的，這與小氣大方無關，這是原則問題。」

其實，每個上司心裡都藏著一個帳本。他清楚地知道，哪些人可以給他更大的權利，更多的利益；哪些人可以用來做利益上的交換；還有哪些人是等著他給恩賜。這些人清清楚楚排著次序，對於那些可以給他更多的人，他勢必會放在第一位，那些等著他來恩賜的人，不用說，自然是放到了最後。不是說老闆自私，而是，這就是人性。

坐等恩賜，這是無能者的表現。等待別人恩賜的人，是註定無法成功的。大多數的成功不是等來的，是自己積極主動的結果。有些事情，你做了或許不一定能成功，但不做，那是永遠無法成功的。

吃虧，但也要懂得如何爭取自己的利益

在我們的生活中，那些「吃虧」、「受氣」、「上當」的大抵都是一些老實人。老實人彷彿是一群失去自我利益的人，他們似乎永遠把自己應得的利益拱手讓人。

有些人也會由此感歎命運的不濟或是社會的不公，然而，塑造自己的弱者形象、鑄就自己慘澹人生的不是別人，正是不懂爭取利益的自己。

徐浩是公司的程式師，在做第一份工作的時候，軟體出現問題，他總是主動承擔責任。

豈料公司正好需要一個替罪羊，就把他辭退了。走的時候他請同事們吃飯，認為自己雖然吃虧，但對公司貢獻很大，自己再找工作的

時候，公司的同事應該會推薦一下。

然而，讓徐浩感到鬱悶的是，沒有一個同事替他寫推薦信或說話。過了很久徐浩才明白，如果同事們幫他說好話，就是反證公司對他的處理有問題，公司有錯。徐浩反正已經吃虧了，已經被開除了，就讓徐浩吃虧到底吧，往他身上潑髒水，才可以顯示公司的正確。

後來徐浩加入另一家企業，談好試用期結束後工資加五百元。但試用期後工資沒有變，當初招他進公司的人事卻換掉了。

由於合同上沒有說明是試用期，寫的是一年的工資，徐浩也沒有辦法。跟上司反映，上級說這是公司的規定。

結果徐浩的合理要求，最後變成徐浩沒有道理，為了避免影響，想想「吃虧是福」，徐浩也沒有繼續爭取。

不少文章把「吃虧」描述成無私的奉獻、成全他人的美德、瀟灑的生活態度、恬淡處世的行為、崇高的境界等，勸誡人們不僅要甘於吃虧，還要勇於吃虧。

於是，有些人就奉行這些訓示，默默地奉獻，默默地吃虧，遇到對自己不利之事也不去反抗，並且還安慰自己「吃虧是福」。

然而有時候「吃虧是福」不假，但若你根本不知道「福」在哪裡，那麼你吃的虧就一點價值都沒有。那吃這樣的虧又何必呢？

還不如放下做老實人的態度，爭取屬於自己的利益。

職場哪些利益必須爭取

曾國藩說過：「做人的道理，剛柔並用，不可偏廢。太柔就會萎靡，太剛就會折斷。」人行於世，不能鋒芒畢露，但也不能軟弱無力地任人宰割。我們要知道，生活和工作中，很多事情不是我們默默等待，就會有好結果。有些利益必須自己去爭取，只有這樣才能使人們在關鍵時刻力挽狂瀾，也能使人們在日常生活、工作和人際交往中遊刃有餘，不吃啞巴虧。

張蘇盟大學一畢業就進了一家外企工作，剛進公司的時候，他看到那些人總是喜歡巴結上司、討好同事。人與人之間，表面上一幅大大咧咧、合作愉快的樣子，暗地裡卻你爭我鬥，恨不得把別人擠垮。

原本，張蘇盟在性格上就是個內向孤僻的人，因為看不慣這種職場爭鬥，他只能儘量遠離是非，把自己從這種環境中孤立出來。

他覺得只要自己勤勤懇懇地工作、本本分分地享受自己的勞動成果就足夠了。可是，事情並不是他想像的那樣。他的這種態度，常常使他連自己應得的利益也保不住。和同事共同開發一個科研專案，明明他出了不少力，最後的功勞卻沒有他的份；上級交代的一項任務，明明他費了很大力氣才完成，但是因為沒有把工作的難度回饋給上級，導致上級並沒看到他的工作能力……

更讓他感到心寒的是，有一次，他辛辛苦苦加了幾天班，趕出來一個關於新產品推行方案，交到自己的頂頭上司李經理那裡後，竟然如石沉大海般杳無音信。他想：可能是上面正在審核，或者因為上司忙其他事情耽擱了，所以並沒有太在意。

幾天後，公司召開新品上市的研討會，會上公司高層公佈了已經確立的關於新品推行的方案，正是張蘇盟交給李經理的那份，可是，會上公佈的卻是李經理的想法。這讓張蘇盟心裡很不是滋味，明明是自己的策劃成果，卻讓李經理搶了功勞。

在日常生活中，我們經常可以看到很多人，雖然明知道權益被侵害，但只要無傷大礙，就能忍則忍，不願為此勞神費力。可是，我們的息事寧人卻常常使自己的利益一再受損。

事實上，有些利益本來該屬於自己的，我們就要主動去爭取。常言道：「老實人吃啞巴虧，會哭的孩子有糖吃。」尤其是在職場，在同等條件下，兩個同事工作都算努力認真，工作能力也不相上下。但在發年底獎金或者評級晉升的時候，一個因為處處不如意而垂頭喪氣，但另一個卻因為平時在主管面前沒少表現和推銷自己，又是晉升又是拿到高額的獎金而洋洋得意。

為了避免這種事情發生，我們一定要學會憑藉自己的能力和資本主動向上司提出晉升請求。

現代社會充滿了競爭，職場也不例外，在通向金字塔頂的道路上每一步都是競爭的足跡。當你瞭解到某一職位出現空缺，而自己完全有能力勝任這一職位時，就要主動爭取，主動出擊，把自己的想法或請求及時告訴主管。即使上級有了指定的候選人，但是這位候選人在各方面條件都不如你時，你就更應該積極主動爭取，過分地謙讓可能會堵死你的晉升之路。

當然，提出請求時應講究方式，不能簡單化：宜明則明，宜暗則暗，宜迂則迂。這要根據你上級的性格、你與上級及同事的關係等因素而定。

另外，一個人如果能得到與自己的能力、興趣完全一致的工作崗位，那無疑是一件非常值得慶幸的事。但是，在現實生活中，命運往往跟人們過不去。人們也往往在社會分工中，被安排在某個不甚理想的工作崗位。

例如，有人想幹電工，卻被分到了機床邊；有人想幹業務，卻讓你去開車……面對種種不順心之處，我們不能一味將就自己。在條件允許的情況下，應該主動找主管談談，提出調換工作崗位的要求。當然，在提出類似的請求時，最好是先考慮一下這樣做的可行性有多大，然後再做決定。

還有就是，你做出了什麼成績，要讓上司心裡有個底，不管你多麼努力工作，如果上司不知道的話也沒用。另外，有些工作，在開展之前，主管需要向你許諾一個利益標準。如果主管在交代任務時忘記了承諾，或不好做出承諾，你就要提前要求你應該得到的，這不是什麼趁火打劫，主管也較容易接受。

當然，大家要切記，即使你是一個懂得為自己爭取利益的人，在爭取利益的時候也要把握好「度」。

有些人向主管提要求很不會把握分寸，往往要求很高，引起主管的反感，招致「討價還價」之類的奚落。

過來人通過積累的經驗告訴我們，在爭取利益的時候需要注意以下幾點：

首先，不爭小利

不為蠅頭小利傷心動氣，顯示出寬廣胸懷、大將風度，在主管印象中形成「甘於吃虧」的好印象，在小利上堅持忍讓為先。

其次，按「值」論價，等價交換

最簡單的例子，如你拉到十萬元贊助費或為單位創利一百萬元。你要按事先談好的「提成」比例索取報酬，不能擴大要求，也不要讓領導削減對你的獎勵。

最後，我們要記住，凡事要養成一種主動為自己爭取利益的習慣

有些人總覺得自己處處被動，處處受人壓制，殊不知，這種被動局面完全是由自己造成的。如果你事事主動，事事想在前面，你就會從被動的局面中解脫出來。

丟了「芝麻」是為了得到「西瓜」

「塞翁失馬焉知非福」，說的是吃當下的虧，不一定是壞事。你步步不讓，毫不理虧，不一定是好事。因為很多時候，你損失的那些小利會帶來更大的利益。你斤斤計較得來的東西，往往會讓你失去更重要的。

所以，為人處世，一定不要斤斤計較、鼠目寸光。

要記住「捨得」，有捨才有得。捨小謀大，方能立足長遠，這是一種智慧。將這一智慧用在為人、做事、做生意上去，將會獲得更多的機會。

溫州生意遍佈全國，以至於有人曾發出感歎，「有人的地方就有溫州產品。」而溫州人做人做事時時堅守的理念就是「舍小謀大」。

在做人方面，溫州人以這一原則得到了客戶的信任；在做事方面，溫州人憑著這一原則提高了產品的品質，建立了自己的品牌；在產業之上，溫州人更是從小處著手，將小產品做成了大產業。

在溫州人看來，當社會上聰明人比比皆是的時候，你再去尋求佔便宜，便是不折不扣的「傻子」，和那跳樑小丑也沒多大差別。

一個小夥子，他到上海去推銷清潔劑。但是，上海這地方清潔劑的同類產品，市場已經被瓜分得差不多。這個小夥子想將上海這個市場撕開一個口子，談何容易。

於是，他秉持著「捨小謀大」的理念，到了上海一家很出名的賓館。他對老總說，他可以免費為整個賓館做一次保潔。老總覺得他是傻子，天下哪有免費替人服務的。但聽完他的產品介紹，老闆決定給他兩天時間，讓他把會議室和所有的大廳打掃一遍。

然而，不過是一天多一點的時間，小夥子便交上了一份滿意的答卷。他打掃的地方煥然一新，還有淡淡的清香散發出來，讓人心曠神怡。

很多客人紛紛留言，對賓館的環境非常滿意。接著，老總接待了小夥子，留下了他的產品。同時，將向他取經的同行名片遞給了他。

秉持著這樣的精神，一年以後，小夥子獲得了巨大成功。

許多的創業者，他們能有如今的成就，主要就是因為他們堅持了「以小謀大」的理念。捨小利，便可以薄利多銷，打開市場，市場一旦打開，利潤便滾滾而來。

「吃虧」這是很多人都不願做的事情，但是要記住，只有捨棄小的利益，才能獲得更多的利益。持之以恆地將普通的事做好，將小事做大，長久地堅持下去了，便會取得成功。

教你幾招如何不吃啞巴虧

饒奔紅在裝飾公司做銷售代表，有一次他遇到了一個客戶，這個客戶在大型樓盤做置業顧問。

雖然饒奔紅已經將價格壓到很低，但客戶依舊不滿，竭力往下壓價。饒奔紅心下想著這個客戶若是可以在自己樓盤給他拉幾個訂單，那麼他可以賺得更多。

於是，沒有和客戶說明，他犧牲了自己提成，將報價壓到了最低。當他向客戶提出請他介紹別的客戶要求的時候，這個客戶竟然毫不留情地拒絕了。

饒奔紅深感氣憤，對他說：「我可是犧牲了我的提成來幫你填補差價的，就是為了讓你多給我介紹幾筆訂單，你這樣拒絕，我不是白做了嗎？」

客戶理直氣壯地說：「我可沒有要你這麼做。」一句話讓饒奔紅無言以對。

饒奔紅起初的想法並沒有什麼過錯，但實際上他主動放棄了自己的利益，客戶並不知道，他只會認為是自己能力強會砍價，這樣的價位是自己爭取來的。所以饒奔紅請他在樓盤上拉訂單，對方可以理直氣壯地拒絕。

我們可以吃虧，但千萬不要吃啞巴虧，吃啞巴虧只會讓別人將我們的便宜占得心安理得。而我們自己吃了啞巴虧，偏偏還有苦說不出。

同時我們也可以看到很多這樣的人，他們明明知道自己的權益受到了侵害，但是卻選擇了忍氣吞聲。這種選擇雖然不失理性，但卻在無意中縱容了那些愛佔便宜之人的惡行，讓他們愈發覺得自己的行為是正確的，

吃虧不可怕，可怕的是吃啞巴虧，一肚子苦水憋在心裡卻倒不出。那麼，如何才能避免吃啞巴虧呢？

首先，可以選擇事後「報仇」

當我們意識到自己吃虧的時候，覺得自己受了委屈。當即勃然大怒、針鋒相對，這是不正確的。以決絕激烈的方式為自己維權，這樣往往會把自己置身於一個危險、難堪的境地。所以我們可以選擇事後報仇，忍一時風平浪靜，事後再理智地好好算帳。

比如我們坐計程車，本來一百塊的路程結帳時卻要兩百元，路程多出了足足一倍。這時，我們可以不動聲色索要發票下車，事後撥打發票上的投訴電話，維護自己的合法權益。

其次，洞悉對方的心理，爭回自己的利益

人的地位有高低之分，當我們處在一個不利位置，便很容易受到別人的壓制，往往來自地位比我們高的人，這樣的壓制讓我們無從反駁，從而吃了啞巴虧。這樣的情況下，便需要有敏銳的眼光，去洞察對方的心理，然後用清醒的頭腦去爭回屬於自己的利益。

「完璧歸趙」的故事眾所周知，趙國得到一塊和氏璧，卻被秦國索要。面對強秦，藺相如憑著自己敏銳的眼光看出他們沒有送城的決心，於是毅然決然採取了自己的策略，如此才能完璧歸趙。

若是藺相如面對強敵，屈服於對方權威，不敢去維權，那他只好眼睜睜將這個啞巴虧吞下。所以，正如曾國藩說的，做人的道理，剛柔並用，不可偏廢。太柔就會萎靡，太剛就會折斷。人不能鋒芒畢露，也不能軟弱無力地任人宰割，要剛柔並用，如此方可。

最後，凡事長個心眼，遇到不法侵害，及時補救

人生在世，凡事不能輕信他人，但也不能盡信。未雨綢繆總會比亡羊補牢更好一些。無論是在經濟往來還是為人處世之上，我們都應該謹慎行事，不要被人惡意侵犯了還不自知。

比如在職場中，上司隨隨便便將我們的功勞據為己有，我們怒也不是，忍也不是，這該怎麼辦？所以，這就提醒我們要學會未雨綢繆。

在我們將東西傳達給上司的時候，沒必要一股腦地全部交代清楚，該保留的還是需要保留。在需要的場合，那些保留的東西便可以發揮它們真正的用處。

身在社會中，人不能太過聰明，太多算計。因為大家都不傻，睚眥必報會失去很多朋友。但我們也不能太過「憨傻」，去吃一些啞巴虧。本該屬於自己的，主動去爭取，不屬於我們的，也不要去惦記太多。早晚有一天我們會發現，那些曾經走過的路，都會成為人生的財富。

第六章

你愛到沒底線
他傷你就沒顧忌

你的付出，他不懂珍惜

人性有的時候很奇怪，你對一個人越好，越是放低身段地去討好，對方便越不把你當一回事，因為他得到得太過輕易。

蔡康永在《愛情短信》裡寫道：「在愛情裡面，你竭盡所能的付出，有時只會換來避之不及的嫌棄。」

有的人在愛情中失去了自己的原則，沒有自己的世界，以對方為中心，最後失去了自我，這樣的付出只會讓對方覺得這樣的愛太過廉價，然後選擇轉身離開，去尋找能體現自己價值的東西。付出本身並沒有錯，但若是讓對方覺得我們付出得太過輕易，那便得不償失了。

《飛狐外傳》中程靈素喜歡胡斐，明眼人都看得出來。

或許是第一次見面便喜歡上了，又或者是那個夜裡，強敵來襲，胡斐不顧自己死活，反而以她的生命為先，所以她無可救藥地愛了。喜歡一個人，縱然你不說，愛意也會從眼睛裡流露出來。

胡斐接收到這種視線時，他心下一驚，接下來便拉著程靈素做他的結拜義妹。然後，心安理得地享受她對他的好。

程靈素本可以在藥王谷裡平靜安穩地度過自己的一生，憑著她不輸她師傅的高超本領，會活得風生水起。然而，因為胡斐，她一腳踏入了這滾滾紅塵。她為胡斐救人，她為胡斐擾亂權貴的宴會，為了胡斐屢次讓自己陷入險境。

胡斐中毒，她本可以袖手旁觀，但她卻用自己的生命換了胡斐的一條命。她以命換命，靜靜地在胡斐身邊躺下，臨死前，還擺下一計，將前來尋仇的強敵逼走。

程靈素不知道，在她死後，胡斐愛上了一個叫苗若蘭的女子，只一面，他就愛上了，然後將她放在了心裡眼裡，縱然她父親與他有著血海深仇，可他偏偏就是愛了。

雪山飛狐，狐飛雪山，蒼茫的大雪盡落雪山之巔，那層層雪花的籠罩下，不知有沒有程靈素深深的歎息。

張愛玲曾這樣寫道：「見到他，她變得很低很低，低到塵埃裡，但她心裡是歡喜的，從塵埃裡開出花來。」但是，卑微到泥土裡的愛情註定不會有什麼好結果。

如果將自己一直埋在塵埃裡，再也舒展不開，那麼縱然僥倖收穫了愛情，也不過是南柯一夢，不會有什麼好的結局。

一段好的愛情是你情我願的，如果它變得失衡，縱然你心裡再難過，也要選擇離開。

在一段感情中，往往你有多卑微，對方就有多放肆，他會在心裡覺得是你離不開他。你無窮無盡地退讓，換來的不過是他的索取和囂張。

所以我們應該將自己放在和對方平等的位置去享受愛情，站在一個合適的角度去觀察愛情。不要為了一些原因放下自己的尊嚴，在相互尊重的基礎上愛情才能成立，否則在愛情的天平上，彼此失衡只會徒留一個人的傷心。

張小嫻在《謝謝你離開我》中說：「總有一天，你會對著過去的傷痛微笑。你會感謝離開你的那個人，他配不上你的愛、你的好、你的癡心。他終究不是命定的那個人，幸好他不是。」

所以，在愛情中，如果你傾盡全力地付出沒有得到對方的重視，沒有得到相應的回報，死心是最好的選擇。不要陷在過去的溫柔裡無法自拔，放下所謂的卑微，放下自己廉價的愛情，對著鏡子給自己一個會心的笑容。鏡子裡的你那麼優秀，那麼美好，並不是離開了對方就活不下去。

或許有的時候你更應該慶幸對方的離開，因為他的離開，才讓你看到了更精彩的世界。所以，千萬不要愛得那麼卑微，不要愛得那麼廉價。有愛別全放，有情別全用！要自信，你絕對配得上一份分量十足的愛情！

當有人再問你該如何去愛一個人時，你可以會心地笑著告訴他。留一半的精力去愛自己，剩下的一半讓對方來愛我，只有這樣，才會收穫美好的愛情。

你的執著總是會被輕易辜負

一碗剛煮出來的熱湯，如果我們想要太多，盛得太滿，那麼當我們沒端好的時候，熱湯灑出來燙在我們手上，燙傷的、疼到的，只會是我們自己。愛情中也是這樣，太過執著地愛一個人，總會被輕易辜負。

我們總是將徐志摩、林徽因、梁思成三個人的名字輕易聯繫在一起，卻總是忽略另一個女人——張幼儀。

張幼儀本生活在一個富貴的家庭，卻沒有走進徐志摩的眼裡。徐志摩第一次看見她的照片，便用「土包子」來形容。

她謹小慎微，她近乎崇拜地愛著自己的丈夫。她十五歲與丈夫成婚，從一個年少無知的少女變成了一個少婦。從一個天真爛漫的少女變成守著活寡一般的少婦，只因了一個徐志摩而已。

徐志摩，是張幼儀的傷，是張幼儀一生的劫。她為徐志摩生下一個兒子，徐志摩走了，走到了屬於他的世界。然後，張幼儀便在自己的世界苦苦等候。她以為，這裡是他的家，只要她在這裡，他們的孩子在這裡，他就會回來。

然而，並沒有。不是所有的堅持都會有回報，不是所有的執著都能看到希望。

她終於等來了來自大洋彼岸的徐志摩的一封信，他邀她和他住在一起，張幼儀去了。她知道這封信並非徐志摩自願，或許是因為家長的逼迫，但她還是去了，去得義無反顧。

「我斜倚著尾甲板，不耐煩地等著上岸，然後看到徐志摩站在東張西望的人群裡。就在這時候，我的心涼了一大截。他穿著一件瘦長的黑色毛大衣，脖子上圍了條白絲巾。雖然我從沒看過他穿西裝的樣子，可是我曉得那是他。他的態度我一眼就看得出來，不會搞錯的，因為他是那堆接船的人當中唯一露出不想到那兒表情的人。」

不知道張幼儀千里迢迢趕到丈夫身邊的時候，看到他這般態度是什麼感受。她會心寒的吧？連日坐船的勞累，也應該比不上她那時內心的悽楚。

徐志摩對林徽因的癡情，引起了多少人的讚美。然而對於張幼儀來說，有多少讚美就有多少殘忍。她學著給徐志摩做飯，學著料理家務，試著挽回他的心。然而，不喜歡就是不喜歡，就算她付出了一切，也換不回徐志摩的正眼相看。

在徐志摩和林徽因陷入情網無法自拔的時候，張幼儀懷孕了，然而這個被所有人讚許「深情」的男人卻是那麼絕情。在張幼儀懷胎兩月的時候，徐志摩提出離婚。胎兒生下後，徐志摩遞上了一份離婚協議。據說，這是中國史上依據《民法》的第一樁西式文明離婚案。

該是多麼諷刺啊，張幼儀一次又一次的付出，換來的是他一次又一次的辜負。她一次次執著的背後，換來的是一次次的失望。

她的孩子在這個世界上只活到三歲便離開了。她回憶孩子剛出生時，徐志摩到醫院去看小孩的情景。「他始終沒問我要怎麼養他，他要怎麼活下去。」

幸好張幼儀沒有就此選擇放棄自己的人生，她是個聰明的女子，既然她付出了沒有得到回報，那麼不如放手。於是她在離婚協議上簽了字，帶著小兒子，前往了德國。

德國之旅成就了張幼儀，讓她重新找到了屬於自己的人生。徐志摩提起她，終於帶了幾分佩服，「C（張幼儀）是個有志氣有膽量的女子……她現在真的『什麼都不怕』」。

獨在異鄉，被丈夫拋棄，備受冷眼，年僅三歲的兒子死於腹膜炎，這一切的一切，讓張幼儀涅槃重生。涅槃重生的前提是鳳凰浴血，張幼儀長大了，她從弱不禁風的小花變成了無所畏懼的鏗鏘玫瑰，她在自己的世界裡熠熠生輝。

所以愛情中不要有太多的執著，不要因為是自己苦苦追求的感情，便毫無保留地去傾心付出。太過執著的愛情，總有一天會分崩離析，在愛情中失去了自己，然後讓別人輕易踐踏。

適當地收回自己的愛，不要太過執著地去愛一個人，因為我們不知道，那個自己深深喜歡的人，是否也同樣深深喜歡著自己。

為愛犧牲自我，一點都不高尚

她是她們世界的小公主，她有著愛她的親人，有著美妙的歌喉，有著別人羨慕不來的一切。但正是十五歲浮上海面的那一次張望，她一眼便看到了在人群中被簇擁著的王子，而那一眼便成了她的劫，足以讓她萬劫不復。

這裡要說的便是美人魚的故事。

為了那個一眼傾心的男子，為了可以變成人，她任由巫婆拿走了她美麗的歌喉。她喝下了巫婆為她配置的藥水，每走一步路，腳便像刀割一般的疼。那樣的疼痛徹心間，卻依然抵不過看著心愛的王子愛上別的女子。

海巫婆告訴她，若是王子愛上她忘掉自己的父母，她便可以獲得不滅的靈魂。然而若是王子和別的女子成親，她將化作海裡的泡沫。她的姐姐們以自己的頭髮向巫婆換來了一把匕首，只要她可以將匕首插入王子心臟，她便能重新回到海裡，重新回到她親人的身邊。

然而，天亮的時候，人們再也找不到美人魚的身影，船邊的海浪上翻起一片泡沫。

童話裡的故事總是感人的，但要知道，在這個世界上，如果我們寄希望於委曲求全來獲得圓滿，那麼只會在一次次失望中，耗盡我們的愛和期待。

在很多時候，過度地犧牲只會讓接受者感到愧疚，時刻提醒對方自己所付出的一切。當這份愧疚感過於沉重，無法背負時，也就只能選擇逃避。

《月亮與六便士》中，斯特勒夫對布蘭奇極盡所能的好，哪怕布蘭奇要跟落魄畫家在一起，他甚至願意自己搬離，因為他不忍心看著自己的妻子受苦，但布蘭奇卻至死也不願見他一面。

愛情不是犧牲換來的，在愛情中最好的心態就是：我的一切付出都是心甘情願，我對此絕口不提，你若投桃報李，我會十分感激。你若無動於衷，我也不灰心喪氣。直到有一天我不願這般愛你了，那麼我們一別兩寬，各自歡喜。

一段好的愛情不是一個人的犧牲與妥協，而是兩個人共同的努力。人無論什麼時候都會有不滿意、不知足的地方。如果我們真的犧牲了自己，成全了對方，他們不但不會為此感恩戴德，總有一天，還會以別的藉口要求更多，這就是現實。

一段好的愛情是在溝通中彼此磨合的，真正地瞭解對方到底需要什麼。如果不瞭解對方真正的需求，只一味想當然地犧牲自己，那麼結果只會事與願違。

> 有一個簡短的小故事，說是夫妻雙方，老公喜歡吃蛋清，老婆喜歡吃蛋黃，但兩個人都以為自己喜歡的是對方喜歡的，於是結婚十多年來，老公將蛋清讓給老婆，老婆將蛋黃讓給老公。
>
> 有一天老公下班早，發現老婆津津有味地吃著雞蛋黃，兩個人這才發現，原來十幾年來，兩個人都錯了。

在愛情中，需要多溝通，知道對方到底需要什麼，然後投其所好對症下藥，這樣才能真正地解決矛盾。每個人的生活經歷不同，思維方式也是不同的，所以在一些為人處世方面自然就有了偏差。

另一方面，男性和女性的思維方式也存在很大差異。不要想當然地以為，我心裡想什麼，我不說他也能懂，這樣只會讓彼此越走越遠。

一段好的愛情需要彼此溝通，需要在交流中取得融合，這樣才能夠很好地走下去。

「我是為你好」——讓對方疏遠你的最好藉口

曾有這麼一個故事，一個男孩很愛一個女孩，他經常翻看她的手機，甚至將她的line經常聯繫的人全部刪除，還不允許她參加同學之間的聚會，出門之前要求她告訴自己和誰出去，準備幾點回來。

女孩畢業了要去找工作，但只要是和男士有接觸的工作，男孩一律拒絕，為此女孩放棄了十幾個工作的機會。好不容易找到一份工作，女孩在開會，男孩便打來了十幾個電話要求視訊。無論是節目的主持人還是現場的觀眾，都可以看出男孩的愛已經到了病態的地步。

女孩並不是不愛男孩，只不過男孩的愛讓她心煩意亂，只想早早結束了這段關係。

我們總以為自己是愛對方的，於是總是期望對方可以按照我們既定的標準去生活，我們以「愛」的名義去綁架對方。在愛情中，希望對方成為我們心目中的樣子，覺得這樣才能配得上自己，這樣的心理是不正確的。學著放下所謂的「愛」，先把自己做好，若是對方真的愛你，也會想方設法去提升自己。

愛情中，能夠走到一起是情投意合。但是每個人都是獨立的個體，我們每個人都有自己獨立的想法，所以不要用愛情去綁架對方，彼此之間足夠的自由，才能減少摩擦，才能得到愛情中真正的和諧。

電視劇《翻譯官》中，女主人公喬菲身患重病，為了不讓自己心愛的人擔心，不惜和他說自己已經變心，讓他離開自己的世界。甚至為了讓程家陽相信自己變心，和前男友高家明配合演戲，裝作舊情復燃。

在自己命懸一線的時候，喬菲寧願選擇讓高家明陪同去醫院，也不要通知程家陽。她只想讓家陽以為自己是水性楊花的人，這樣才能忘掉自己。儘管後來家陽知道喬菲的苦衷，但還是選擇了分手。

「我是為你好」，這是非常殘忍的一件事情，有時候我們認為的為對方好，其實是剝奪了愛人對我們付出關心的權利。無論是在電視還是生活中，總會看到很多這樣的例子。一方有難便瞞著另一方進行分手，選擇一個人默默承擔。儘管是為了對方好，但這個過程是非常自私的，這就等於剝奪了對方愛的權利。

因為一句「我是為你好」，便想要知道對方現在所有的生活狀況，讓對方事無鉅細地彙報過來。小到點餐吃飯，大到職業規劃，都想要插手來替對方做決定。然後對方和異性有一些互動，便爭風吃醋半天，到頭來反而將過錯推到對方身上，這樣的「為你好」，誰都承受不來。

愛情是一種很美好的東西，它常常會讓我們失去理智。若想要我們的愛長久，記住不要愛得太滿，不要把精力全部投入到愛情裡，過滿則溢，愛一個人最好不要超過八分。

愛情講究恰如其分，過猶不及。雖然愛情這個東西容易情不自禁，但愛一個人一定要有所保留。用八分去愛，剩下的兩分留給自己。若是兩個人的愛情不可能有未來，八分的愛正好給彼此留一些餘地和空間。

愛情需要保持適當的空間，干涉對方太多會讓對方有壓力，有時候我們帶著火熱赤誠的百分百愛意，可能會將對方嚇得落荒而逃。愛情雖然甜蜜，但也經不起長時間的耳鬢廝磨，所以，一定要留給兩個人適當的距離和空間。

不要將全部精力投入在一個人身上，更不要想當然地為對方做一些決定，你的愛太多，對方會負荷不住，然後逃之夭夭。將更多的精力放在自己身上，自己變得優秀了，也不用為對方是否會離開自己而患得患失了。

愛可以沒條件，但一定要有原則

愛情這個東西，很容易讓人變得卑微，稍有不慎，心神俱失。但是一旦陷入愛情，常常是理智輸給感覺，驕傲輸給卑微。在愛情中，無論有多愛，要記得不要處處委屈自己，別讓自己的驕傲被輕而易舉地踐踏。

愛情中，兩情相悅固然最好，但若是做不到，寧願選擇一個愛自己的人，也不要選擇一個讓自己傷心的人，那樣才能將幸福掌握在自己手裡。

王旭東和哥們一起去吃飯，菜還沒上來，人就先哭訴了起來，他大吐苦水說自己失戀了，讓一群哥們都深感驚訝。

王旭東是最寵愛自己女友的，為了女友，遊戲不玩了，煙也不抽了。女友半夜發燒，他衣服沒穿好就陪她去打點滴。他學著做飯、洗衣、掃地。女朋友喜歡旅遊，他就把自己手上的專案停掉，陪著女友去旅遊。

當初和哥們玩遊戲玩到一半時，因為女友的一個電話就匆匆跑了出去，遊戲就此中斷。帶女朋友一起出來吃飯，他殷勤無比，一群朋友就看他對女朋友獻殷勤了。

王旭東對女朋友各種遷就包容，只怕她一個不滿便分手。然而，縱然是這樣，女朋友還是和他提出了分手，原因是他太沒有自己的主見。

愛情這種東西，就像是一個蹺蹺板，也在追尋著自己的平衡。只單方面付出的愛情，是沒有結果的，而且也沒有幸福可言。

換位思考一下，我們也不會把愛交給一個沒有自我、一味卑微的人。對於那些不愛我們的人，不要再把時間浪費在他們身上了。人應該活得驕傲一點，在感情世界裡可以放下身段，但不要過於卑微。

有人說，寧願自己一個人高傲的孤獨，也不要和另一個人卑微地在一起。卑微的愛情，結局都不會太平順。也許曾經開心過，但最後只能如煙花落幕一般化為一地冰冷，回首時發現原來的一切都已煙消雲散。

真正值得愛的人，應該是懂得引導另一半的人。他也許不會對你言聽計從，而是理性地指出愛情中存在的問題。對於那些善於蠱惑人心的人，如果我們已經迷失，那給自己定個底線，一定要儘量保持清醒，看清楚面前之人的真正面目，不然傷心只會留給自己。

在戀愛中，記住不要作踐自己，不要讓自己卑微到泥土裡，保留自己的尊嚴，餘生很長，記住好好愛自己。

越是委屈自己，對方越不在意

通常情況下，愛情會讓人失去理智、奮不顧身、丟盔棄甲。但是，無論如何，我們都會在跌跌撞撞中找到正確的那個人。所以，不要在委曲求全中搖尾乞憐，不要將自己的姿態放得太低，不屬於自己的，要勇敢走開。沒有了自尊心維護的自己，也不會再有愛情。卑微是不會讓愛情維繫多久的，同樣，捨棄自尊更不會。

林晴和她男朋友馬冉在一起兩年，當初是林晴主動追求馬冉。據她說，當初第一次見面就動心了，就覺得他是她的真命天子。

然後，過了一個星期左右，林晴便和馬冉表白了。這個女孩太過於實在，她完全不懂藏著掖著，完全不懂得愛情這種事情需要迂迴婉轉，她只知道用自己的方法長驅直入。

他們的交流是在網上，直到有一天中午，林晴紅著一張臉回到宿舍，臉上還帶著隱隱汗跡。她興奮地告訴舍友，她表白成功了，馬冉接受她了！

自那以後，林晴整個人都冒著粉紅泡泡，走路像是飄著一般，一提起馬冉兩個字，眼睛裡就帶著光，閃亮閃亮的。

別的男女朋友是男的為女朋友鞍前馬後，到她這就截然相反起來。無論颳風下雨，林晴都會將滿滿一壺熱水放到他宿舍樓下，讓他下樓將暖壺提上去；他不想吃飯，她就訂好外賣；他生病了，她一袋一袋地裝好藥托他舍友帶回去。如果不是女生不能進入男生宿舍，她估計都要坐在他旁邊，等他吃完飯再走。

馬冉和她說，以後結婚了不買車，買車還得找停車場，還不如坐地鐵搭公交省事，林晴想都沒想就答應了。馬冉對她說，以後結婚不用買房，只要租一個地方，工作到哪就把房子租到那就好。林晴看著他樂呵呵地點頭。

林晴每天晚上會傳訊息給馬冉，傳很多很多，卻很少收到他的回覆。或許到第二天早上，才能看到一個「嗯」字。他玩遊戲玩個通宵，她只是說，你開心就好。她所有生活，都是圍著他轉，從大二到大三，整整兩年。

某天深夜，林晴哭著回來，說她失戀了。馬冉說從沒有喜歡過她，從沒有！當初和她在一起不過是好奇和虛榮心而已，他和她在一起，從來都沒有談戀愛的感覺。

她說，我跪下來求他，說我什麼都不要，只要能和他在一起就好。但是馬冉沒有答應，他拉著她的胳膊將她拽起來。他說你看看你現在是什麼樣子，你心裡還有自己沒有。你連自己都不尊重，憑什麼要我去喜歡你？。

那個雨夜，她怔怔地看著他走得越來越遠，她沒有伸手抓住他的勇氣。就像馬冉說的，連她自己都不知道喜歡自己，自己都不知道尊重自己，憑什麼要他去喜歡她？她一味地委屈，一味地遷就，換來的是一無所有。

如果一個人愛你，他會願意去包容你的一切錯誤，但如果他不愛你，那麼即便你做得再好，他都會找藉口離開。所以，我們要做的不是去委屈我們自己，去改變自己，而是應該活出自我，不要因為愛而委屈了自己。

記得當初看饒雪漫的小說《離歌》，裡面的女配角于安朵出來的次數並不多，但是她的出現總能讓人印象深刻。

于安朵被奉為校花，卻一次次地用自殺來挽回自己的愛情。當初看到于安朵自殺時，我心裡只有厭惡，她憑什麼要用這樣的方式來阻擋男女主角在一起。直到現在回想時，才慢慢覺得這個女子真是夠悲哀。她愛對方，愛到迷失了自己，愛得甚至可以放棄自己生命。然而，她一次次對生命的捨棄，根本不會挽回她愛的人，只能讓她心愛的人逃離。

一個「委」，一個「屈」，組成了「委屈」，它寫起來實在太過憋屈。在愛情中，與其委屈自己，倒不如放手成全。

古龍筆下的風四娘、蘇櫻，金庸筆下的趙敏、黃蓉，這些都是絕頂聰明的女子。她們活得瀟灑，她們不願意讓自己受委屈，她們在自己的世界裡盛開成最美的花朵。

就像古龍筆下的白飛飛，蒼茫的大漠中，她留下幾句話飄然而去：「點水之恩，湧泉相報，留你不死，任你雙飛，生既不幸，斷情絕恨，孤身遠引，至死不見。」她以決然之姿轉身離去，何嘗不讓讀者，不讓沈浪在心中讚一聲好。所以在愛情的世界裡，你若是覺得委屈了，不妨後退一步，去看看別處的風景。一直糾纏於此，你的心胸，你的世界，只會變得越來越小。

愛情中不斷委屈自己，只會讓我們越來越多地發現，我們無路可退。你若盛開，蝴蝶自來。與其在愛情中丟掉了自我，倒不如對自己好一點。

要像愛對方一樣愛自己

在愛情中，很多人不由自主地將另一半視為生命中最重要的人。執意要兩個人好得像一個人，認為只有這樣才叫作幸福。然而，這其實是一種不正確的想法，也是不幸福的來源。過度地將感情投擲在對方身上，過度地依賴對方，只會讓對方感到不舒服，然後逃離我們的世界。

有一句話是這樣說的：「杯子裡要盛滿對自己的愛，溢出來的部分再去愛別人。」如果一個女性堅持用奉獻自己的方式去愛別人，可能會常常碰壁。要學會愛自己，每天給自己進行正向的暗示，用積極的精神滋養自己的生命。

邱倩和楚焦在同一個公司工作，楚焦是主管跟前的紅人，有才、有財，是很多女性傾慕的對象，邱倩也不例外。

知道楚焦喜歡韓國美女，邱倩便去學習韓式妝該怎麼化；知道他喜歡骨感型的美女，她便一天只吃一頓飯，每天忍著饑餓再去跑三公里；為了讓他可以吃好飯，邱倩刻意買回一本本食譜回家練習。

就這樣邱倩終於吸引了楚焦的注意，兩個人走到了一起。但是在愛情中，邱倩總是小心翼翼的，無論做什麼都要看楚焦的反應。感覺到他稍微有些不愉快，就終止了自己的談話；感覺他有些不開心，就無所適從不知道該如何去做。

時間長了，兩個人的愛情中總是習慣性地由邱倩一味付出，楚焦將她做的一切視為理所當然。朋友們都勸邱倩，說她沒有必要為了他委曲求全，邱倩卻總是笑笑不說話。然而就這樣兩個人在一起兩年後，楚焦還是和邱倩提出了分手。

冰心說：「男人活著是為了事業，女人活著是為了愛情。」男人為了事業打拚，所以隨著歲月的增長，他們事業有成，越發有了魅力。女人為了愛情生存，隨著年邁色衰，她們還剩了什麼？

女人是要拿來寵的，若是沒人來寵，那就自己多寵愛自己一點。父母給了我們生命，給了我們能給的一切，不是讓我們將所有的尊嚴踩在腳底，去討好另一個人。那樣他們該有多傷心，所以我們要學會愛自己。

那麼，我們該如何學會自愛呢？關於自愛有幾種方法：

●不要過多的自我責備

有些人生活在問題家庭，他們習慣從負面的角度去評價自己，他們自小在壓力中成長。他們經常會進行一些消極的自我暗示，比如「壞孩子」「笨孩子」「真沒用」。

在這樣的情況下，要學會自己給自己創造「有價值」的感覺。要知道我們只不過是凡人，刻意地追求完美只會給自己帶來很大的壓力。要學會看到自己的不同之處，每個人在這個世界上都是獨一無二的。如果我們經常責備自己，那就將自己的優點隱藏得沒了蹤影。

●耐心地呵護自己

每個人的心靈都需要呵護，如果我們的心像一塊荒蕪的園地，裡面只剩了恐慌、焦慮，那麼我們一定不會走得太遠。如果去除了這些醜惡的東西，精心呵護，那麼一切都將變得非常美好。

學會容忍自己的失誤，要知道失誤是一件很有價值的事情，不要因為失誤而去懲罰自己。

●照顧好自己的身體

身體是革命的本錢，無論做什麼，一定要照顧好自己的身體。可以有意識地去尋找一些養生食譜，或者健身的方法，找到自己喜歡的鍛煉方法，積極地去鍛煉。很多時候，我們受別人影響太多，總是給自己一些消極的暗示。因此在鍛煉的時候應該自我暗示一些積極思想，這樣會幫助我們清除有關身體和體形的消極思想。

●從現在開始愛自己

我們不能改變別人，那我們就將時間投放在自己身上，當我們改變了自己，別人自然會對我們有不一樣的回應。

一個不愛自己的人，最關鍵的原因是對自己不滿意，愛自己不是一味地進行心理暗示，說什麼「我很愛自己」。這樣的做法不但愚蠢，而且並不會起到什麼關鍵的作用。我們要做的應該是在某些領域上努力提升自己，設定自己的目標。當一個個目標達成的時候，自我滿足感自然也就提升了，這樣的自己也沒有什麼理由不愛了。

學會愛自己，不要在感情中一味討好別人，一個人如果連自己都不愛，該如何去愛別人呢？

第七章

拒絕為難你的人
別讓不好意思害了你

你有沒有拒絕別人之後，感覺很內疚

劉心武曾說：「人的尊嚴，在於必要的拒絕。」但是，在日常生活中，我們對拒絕別人總是感到十分的為難。不管對方的請求有多麼不合理，和對方說「不」，總感覺很愧疚。

在這樣的情況下，我們應該明白，我們不可能幫別人做所有的事情，我們不可能滿足所有人的願望。我們應該學會適時地拒絕別人不合理的要求，然後告訴自己：這不叫自私，這不過是維護自己應有的權益。

同時我們也要懂得，我們身邊的人很多，取悅所有的人是不可能的。我們需要在一些地方劃清界限。儘管我們所劃的界限可能會讓別人失望，會讓別人不開心。但是換一種方式來想，若是我們自己都不能堅持自己的立場，如何讓別人來尊重我們。

小品《有事您說話》裡的郭冬臨，希望別人把自己當回事，天天晚上捲著鋪蓋到火車站排隊給那些不認識的人買票，結果吃力不討好，經常把自己搞得焦頭爛額。

老婆埋怨不說，就連自己費盡心思討好的人也都有了怨言。

在心理學上，把這樣沒有自我地幫助別人的現象叫作「助人者情結」，主人公往往會通過幫助別人來感覺自己的存在。這些人一旦沒有得到對方的感激，往往會讓自己陷入巨大的失落。

有這種情結的人自己不愛求人，又總是害怕對別人說「不」。當自己對別人說「不」時，會引發自己內在的焦慮，然後會換一種方式去討好人。

有時候別人本來沒覺得什麼，但經過這樣的討好，反而可能真的覺得你欠了他的。

程俊快要下班的時候接到了同事林孟成的電話，電話裡面林孟成一直請求程俊再幫他一把，希望他可以寫個新方案給客戶，客戶在那邊已經催了他好久，失去這個客戶會損失很大。

程俊在電話裡猶豫了好久，不是他不願意幫忙，一個月以來，他已經做了太多自己分外的事情，常常加班把自己搞得心力交瘁。到底怎麼辦呢？答應下來自己實在太難受，不答應又該怎樣去回絕呢？拒絕了會不會失去這個朋友呢？

好朋友間確實應該互相幫助，但是好像這種幫助沒個底線、沒個終點，程俊很是糾結。

對於這種情況，一些直性子的人會直接說「不」，選擇讓別人難受，讓自己舒心。但這並不是最佳的拒絕方式，因為不留情面的拒絕往往會讓彼此連朋友都沒得做。

那麼我們該如何做，才能不得罪別人，也不讓自己感到內疚呢？

首先，要認真聽取別人的訴求

無論做什麼決定，都應該認真地聽對方的訴求。只有讓對方把情況講明白，才能知道該如何幫助對方，絕不是對方剛一開口，就立馬將對方的話回絕過去，這樣只會造成兩個人的尷尬。

「傾聽」讓對方有被尊重的感覺，傾聽完之後可以再委婉地表明自己的立場，這樣才能避免給對方造成傷害。

其次，要學會溫和地說「不」

如果我們無法去幫助別人，應該學會溫和地說「不」。就好比同樣是藥丸，外面裹上一層糖衣，就會比苦澀到難以下嚥的藥更好入口。溫和地表達拒絕，會比直截了當的拒絕更容易讓人接受。

在溫和地拒絕後，對方往往會想知道理由，將你的理由告訴給他，總比一句話不說造成誤會要好得多，這種方式也更容易讓人接受。

第三，選擇事後關心

一件事情，並不是說拒絕完了就完事了，應該在事後給對方一些關心。如果我們能化被動為主動，讓對方瞭解自己的苦衷，就可以更多地減少尷尬和影響。適時地表達我們的關心，可以不讓對方覺得自己孤立無援。

最後，拒絕後不要心懷愧疚

一個人的成長總會遇到很多拒絕，不要因為一次拒絕別人就心懷愧疚，然後想方設法地在其他方面進行彌補。要知道拒絕是一種常態，我們應該在心裡接受它，然後和別人相處起來才能自然。如果我們因為一次的拒絕就表現得畏畏縮縮，像做了虧心事一樣，那別人也會心存不滿，從此關係疏遠。

所以，試著改變自己的思維邏輯，將合理的拒絕看成人之常情，沒有必要感到內疚。給自己營造一個舒適的交往空間，無論對人還是對事，保持一顆平常心。不要對別人有太大期望，如果有些人因為我們一次的拒絕就遠離了我們，那麼這樣的朋友也沒有必要珍惜。我們應該對他們的遠離感到慶幸。

拒絕別人是生活工作的常態，不要愧疚，試著去掌握技巧，把握分寸，給彼此一個台階。在有能力時伸手幫別人一把，沒能力時做好自己分內的事情。

太好說話的人，多半沒有好下場

很多人有一個錯誤的認識，認為只要自己小心翼翼地去在意別人的看法，暫時犧牲自己的利益，就能獲得別人的喜歡和稱讚。然而時間久了，卻發現縱然自己全心全意為別人付出了，卻依舊不能收穫別人的感激和喜愛，反而常常換來別人的輕視。

所以，與其花大量的時間去討好別人，倒不如自己踏踏實實去做一些事情，只有自己努力了，回報才真真切切看得見。如果什麼事情，別人一找你，你就答應下來；什麼東西，別人一給你，你就接受，慢慢地，你會失去自己的原則。拒絕，有時候可以讓你變得更加珍貴。

裴麗是家中的長女，下面還有兩個妹妹，她的父親很早就過世了，只留下了媽媽和她們相依為命。在裴麗很小的時候，就知道應該要幫媽媽幹活。

等到了兩個妹妹上大學，家裡的壓力更大了，那時裴麗在讀研究生，兩個妹妹一到了沒錢的時候，就開口問她要，裴麗就趕緊把錢給她們寄過去，哪怕自己缺吃少穿，也不願委屈了兩個妹妹。

因為習慣了這樣的生活方式，在工作之後，她的上司常常將工作分配給她，她心裡再不情願，也還是硬著頭皮接受。所以裴麗的每一天都過得筋疲力盡。

很多時候，我們絕大多數人沒有意識到，自己收穫的結局，常常是自己造成的，正是我們一而再、再而三地退讓，才使自己成了別人眼裡的弱者，才造就了自己這樣的結局。

所以，如果不是心甘情願地做老好人，想要擺脫自己面前的困境，就不要再忍氣吞聲，不要毫無原則地放棄自己應有的利益，要勇敢地去維護自己正當的權益。

做一個善良的人，應該是我們所有人的目標，但是沒有原則的善良，一味地忍讓和付出，只會變得害人害己，不僅給自己帶來傷害，同時也將對方縱容得貪得無厭。

錢旭是一個很隨和的人，平時大家有什麼需要他幫忙的，只要他做得到，就立馬答應。比如週末休息，說好了要陪著家人一起去玩，同事一個電話打來要他幫什麼忙，他立馬就答應了。

幾年前他們家買房子，想著不要貸款一次性付清，東拼西湊還差三萬塊錢。沒辦法，和一個關係很好的同學開口借錢。

那同學說了一堆好聽的話，說自己很想幫忙，但實在是拿不出來，反正最後的意思是沒錢。錢旭當時心裡很納悶，這個朋友常常說他們家條件好，怎麼三萬塊錢就拿不出來？最後錢旭實在無奈，找另一個朋友搞定了。

錢旭在心裡給那個同學找著理由：說不定是他當時沒錢，並不是真心不想借給自己。但是沒過幾天在一次吃飯的時候，朋友的老婆向大家炫耀她手上昂貴的鑽戒，說是老公剛給她買的結婚紀念禮物。

人性當中有很多不好的東西，《讀者》中有篇文章這樣寫道：

有個人在他每天上班的路上都能遇到一個乞丐，他慈悲心發作，每天都會給他幾便士。但是有一天，這個人失業了，遇到這個乞丐時，他沒有將錢給他，誰知道這個乞丐竟然勃然大怒。

有的時候，我們必須正視人性的複雜和惡劣之處，當你習慣性地對一個人好，而對方也將你對他的好當成理所當然的時候，你一旦收回，對方沒有感激不說，反而覺得是你虧欠他的。

一個人的空間是有限的，只有扔出去一些不必要的東西，才會有更多美好的東西進來。不要讓我們的善良變得太過廉價，而應該讓我們的善良變得更有價值。

取悅於人的隱藏代價

布萊柯在《討好是一種病》中提到，人們對於討好有一個誤解，就是常常認為討好是一種良性的心理狀態。看起來，被當成好人總是不錯的，但是，有一些人對來自他人的認可和讚賞成癮，常常借著「做個好人」的名義，無原則地討好別人，不惜以犧牲自己的時間為代價。

當討好無法得到預期中的讚賞時，他們便可能進入被動攻擊的狀態，也可能繼續更加用力地討好，直到引起別人的不適。所有的問題都指向一點：討好者已經迷失了自我，他們無法從真正意義上相信自己。

畢淑敏在《不要總想表現得比實際情況要好》中寫道：「我們把一個不真實的自我呈現在別人面前，並以為這才是可愛的，才是有價值的。而那個真實的自我，則是上不得檯面的殘次品，是應該被掩藏和遮蓋的。」

畢淑敏認為若我們隱藏真實的自己，去扮演一個被人喜歡的角色，時間長了就會變成一個「分裂」的人。她以自己為例子，年輕的時候，她總想表現得比自己真實狀態更好一點，便不由自主地想要作假。明明不快樂，卻要表現出歡天喜地的興奮；心裡對主管有意見，卻故意在主管面前賣力工作；在會議上明明心裡有著不同的意見，因為不想特立獨行，便放棄主見，隨波逐流。但其實，無論再怎麼遮掩，彼此之間的不和諧大家都心知肚明。

後來，她決定要以真實面貌示人，認為沒有必要取悅他人，委屈自己。這樣做了以後，她本以為機會雖然會少很多，但這一生能活出一個真實的自我也挺好，縱然是付出再多代價也認了。卻沒想到，反而多了朋友，多了機緣。

韓梅在外企工作了三年，她的人際關係很好，對於別人請求的事情，她都是能幫就幫了。可是眼看著別的同事一個個高升，自己卻沒有一點動靜，她心裡不免有些著急。

一次培訓課上老師聽了她的講述，針對她的情況給她安排了一節課，讓她受益匪淺。這課的主題是：讓自己成為一個果敢的女人。

培訓師告訴她：要在自己的心中築一道牆，這道牆便是防線。在這道牆以內，她是安全的，完全可以不用看別人的臉色行事，不用害怕得罪別人，而且，這道牆還可以抵擋別人的閒言碎語。

上完這節課，韓梅恍然大悟，受歡迎本來是一件好事，但要做到時時刻刻讓別人喜歡，這是不可能的。每個人都有自己的權益，我們不可能在任何時候都損害自己的權益去滿足他人。

回到公司，她第一次大膽地向冒犯自己的人表示了強硬的態度，弄得對方手足無措。漸漸地，她發現，沒有人再敢將她視為「軟柿子」，她專心做好自己的事，不再為處理人際關係發愁，過了半年，因為能力出眾，韓梅升職了。

有些人執迷不悟地對別人的認可上癮，為了讓別人認可自己，從不表現出自己的憤怒和不悅。我們把這種強迫的，甚至成癮的行為模式叫作「取悅症」。

取悅症實際上是對消極情感的恐懼。過分取悅別人是一種氾濫的善良，付出的是要自己一個人來承擔的高昂代價。一個人如果太過順從，連自己的權益都不能為自己爭取，只會讓別人欺負。

若想要擺脫取悅別人的習慣，只有從源頭去發現自己是哪種類型的人，從根本上解決它，才算真正地解決了問題。

理論上講現實生活中有三種類型的人會想方設法討好別人，針對這三種類型的人，我們一一提出解決的方法。

其一是認知型好人。這種類型的人是只有取悅別人時，才會對自己產生一種心理認同。他們努力讓每個人都喜歡自己，只有討好別人，自己才會開心。

其實，討好別人並不會對自己有多大的好處，不如將討好別人的功夫放在提升自己身上，自己本身的實力提升上去了，自然沒有人敢小瞧了。

其二是習慣型好人，這種情況是習慣為別人付出，幾乎從來不說「不」，很少去麻煩別人，經常讓自己在幫助他人中變得無力招架、疲於應對。如果是這種情況，應該把努力的重點放到打破取悅別人的習慣上。

對於這樣的人，要試著去拒絕別人，對於別人的請求先在腦子裡想想自己是否可以做，不能做的就要拒絕，而不是別人剛一提出就一股腦地全部答應。

其三是情感逃避型好人，這樣的症狀主要是不想因自己的拒絕引起別人的惱火，為了逃避令人害怕和不安的情感導致的。這種類型的人只要是想到會和別人有衝突，就會主觀地進行退縮，更不要說真的和別人有什麼衝突了。

對於這種類型的人，應該進行心理療法。一味地妥協並不會獲得什麼，只會讓自己遭受更多的不尊重。要明白，縱然是發生衝突，通常也並沒有我們想像中那麼可怕，讓自己變得強硬一點才是正確的解決方式。

蘇芩說：「寧可孤獨，也不違心，寧可遺憾，也不將就。能入我心者，我待以至寶。不入我心者，不屑敷衍。」

取悅別人的時候想想是為了什麼，如果知道自己的目標是什麼，知道自己要走的路是什麼，你會發現，很多時候取悅別人是毫無意義的，當然若是在你心裡認為取悅別人對你人生目標的實現有意義、有幫助，你的內心自然就會為你做出選擇，這也就無須迷茫了。

不懂拒絕，事情多到做不完

台灣有一位著名媒體人說：「學會拒絕那些不需要的事，也許你會有更多的時間來做更重要的事情。」當然，這並不是告訴我們，對別人的需要，都要毫不留情地選擇拒絕，而是我們的幫忙，一定要確認在自己的能力範圍之內。

在我們的工作中，我們並不是幫忙別人來證明自己的價值，而是依靠我們自己的工作能力。如果我們將大把時間花在別人的事情上，我們便沒有精力來提升自己。所以在我們自己的工作還有很多沒有完成的時候，對於別人的請求我們不想做也做不了的時候，一定要學會拒絕。

林東剛進公司，什麼都不太熟悉，但對別人的請求卻是有求必應，希望可以找到自己的存在感，但誰知，沒有找到所謂的存在感不說，挫敗感、疲勞感卻頻繁來臨。

臨近週末的時候，有個同事讓他幫忙做ＰＰＴ，說他週末有別的事要忙，林東對做ＰＰＴ這個事情並不擅長，但他又怕同事覺得自己無能，只好硬著頭皮答應了下來。一整個週末，林東都在考慮要怎麼設計主題，怎麼處理框架，怎麼改換背景，一邊查詢，一邊完成工作。直到凌晨一兩點還在處理ＰＰＴ的事情。

到了週一，林東把好不容易完成的ＰＰＴ交給同事，同事看了半天，吸了一口氣說：「算了，我重新做吧。」說完也沒看林東一眼，忙著做ＰＰＴ去了。

這樣的經歷很多人都有，硬著頭皮答應自己能力以外的事情，將自己搞得筋疲力盡，結果反而將事情搞砸，自己也沒討到半點好。如果我們在別人一開口提出請求時就說：「對不起，你的工作我暫時不太熟悉，做出來恐怕不能達到你的預期，還是你自己做比較穩妥。」這樣，可能當時不太好意思，但能避免盲目答應後所造成的後果。

身在職場中，我們應該明白兩個事情。

第一，應該明白在公司將自己的事情做好這是最重要的，幫助同事那是次要的。如果將自己的本職工作丟掉去幫助其他人，不過是捨本逐末罷了。如果我們連本職工作都做不好，如何贏得更多的發展機會。

第二，要明白，物以稀為貴。太過廉價的幫助，不會引起別人的好感，只會讓別人不去珍惜，這是人的本性。沒有哪一種制度規定我們幫助別人越多得到的就越多。

所以，面對別人的請求，我們一定要學會拒絕，當然不可能不近人情，全部拒絕，但也不能全盤接收來者不拒，我們要視情況而定。

那麼，我們應該怎樣「視情況」而定呢？

首先，應該先判斷事情的輕重緩急。如果對方求助的事情會對他造成很大的影響，而且對方請求我們做的又在我們能力範圍內，那麼，這樣的忙一定要幫。儘管在短期內會對我們的利益造成一定的影響，但這不應該成為我們主要考慮的內容。如果對於別人火燒眉毛的事情我們都不痛不癢拒絕了，失去的只能是人心。

其次，可以看看對方的求助事項是否合理。如果十多年不見的老朋友突然要借幾萬元，如果一個整日以賭博為生的人提出要借錢翻本，這樣的忙一定不能幫。對於不合理的請求不用考慮直接拒絕。能對我們提出這樣請求的人，會為難我們的人，絕對不可能是我們真正的朋友。這樣的社交關係，也沒有必要去維護。

最後，如果我們的時間精力允許我們去幫助別人，我們可以去幫，如果對我們造成困擾，可以和對方說，我現在手頭有什麼什麼事情，需要多久弄完，你如果不介意的話，可以等我兩天。將實際情況告訴別人，**如果真的幫不了對方，解釋自己的理由，同時表示歉意**，只要我們能夠說明白，任何一個正常的人都不會因此對我們有什麼怨言。

按照這樣的方式去處理別人的求助，不會引起別人的反感，反而會讓我們越來越受歡迎。

我們要明白的是，我們在別人心中的地位並不取決於我們幫了他們多少忙，而是我們自身能力的高低。如果我們竭盡全力幫別人，卻沒有得到別人絲毫的感激，還不如用這些時間好好提升自己。不要老是通過別人的認可來尋求一種自我滿足感，自己認可自己了，便無畏他人。

令你為難的事，越早拒絕越好

喜劇大師卓別林曾說，學會說「不」吧，這樣你的生活會美好很多。尤其是讓你為難的事情要提早說「不」，拖得時間久了，不但不會獲得對方的感激，而且還會讓雙方都心生芥蒂。

然而，大多數時候我們在拒絕別人時很容易產生「不好意思」的心理。正因為這種心理，使人們難以把拒絕的話說出口。因為這樣的矛盾，造成態度上的欲言又止、優柔寡斷。結果我們就會覺得活得很累，很容易丟失自我。所以，與其讓彼此都痛苦，還不如儘早做出決定。

祁紅吃苦耐勞，頭腦又靈活，是村裡第一個在市中心買房的人。可是自從買了房子之後，麻煩就來了。幾乎所有的親戚和關係好的鄰居都把她的家當成了自己的家。

大家要去市中心逛街，午飯一定會在那裡吃，有什麼生病、考試之類的，一定會在那裡住，完全把那裡當成了臨時旅館。祁紅做自己的生意平時很忙，有時候忙起來連一口水都顧不上喝，常常是吃速食的。然而親戚朋友來了，還得搭夥做飯。

時間長了，祁紅便煩惱了，自己辛辛苦苦賺錢買房，和他們一分錢關係都沒有，為什麼他們來住了不算還得貼錢招待他們，結果還落不下一點好。她心裡有了抵觸，對那些來的客人就沒有了太大的熱情，往往就多了幾分應付。就這樣，親戚們的意見也就越來越多。

過年聚會的時候，有人當面抱怨：「人家現在是城裡人，忙著賺錢，我們這些窮親戚，人家哪裡會看在眼裡啊。」祁紅更加苦惱，早知今日會是這樣的局面，當初就不應該去費心招待他們。

違心答應別人的要求，然後逼自己去履行，只會消磨掉自己的耐心，犧牲自己原本的生活。本來想維護的關係沒有維護好，反而加速了關係的消亡。所有關係都建立在相互體諒的基礎上，任何勉強自己的行為，往往都不會堅持太久。

在生活中，如果說拒絕朋友、同事還相對比較輕鬆的話，那拒絕上司，就更加困難了。有的人對上司的要求來者不拒，從來都是任勞任怨，以為只有這樣才是好員工。但如果接下來的工作並不適合你，對你以後的工作也沒有什麼積極的作用，這時你不顧自己能力承接下來的任務，只會成為自己的枷鎖。

裴紅紅在公司以老實著稱，老闆讓她出差去催一筆款項。裴紅紅天生不善和人打交道，這樣的事情交給她，真是有些太為難她了。想要拒絕老闆，但她又沒有勇氣，只好硬著頭皮接下了這個工作。

到了地方，對方熱情地招待了她，酒桌上要她喝酒，但裴紅紅堅持自己的原則，一口都不喝，讓對方下不來台。對方一氣之下，編個理由讓她走了。

回到公司，老闆也很生氣：「我們這是工作，不是遊戲，如果你辦不到，為什麼要答應？」

所以說，在為人處世中，在工作生活中，該答應的時候應該要答應，該拒絕的時候就一定要拒絕，對於那些讓自己為難的事，就不要應承下來了，應承自己做不到的事情就是給自己添麻煩。

當然，拒絕總是有一定難度的，尤其是面對自己的上司，一個「不」字是很難說出口的，所以，拒絕上司也要掌握相應的「技術」。

比如說，你的上司欣賞你，安排給你一個新的職務，但你覺得這樣的職務並不適合你，這時，馬上拒絕上司是不合理的，這樣只會讓上司下不了台，尤其是當著別人的面回絕上司。你可以對上司說你要考慮一下，之後再去解釋這份工作自己不能勝任。要和老闆進行正面溝通，真誠地陳述自己的理由，絕對不要去逃避，到處找藉口。上司聽完你深思熟慮的理由，會更加覺得你是一個負責任的人，會更加地信任你。

讓你為難的事要學會去拒絕，勉強去做自己不喜歡的事，結果也一定不盡如人意。所以，你既然要選擇拒絕，早一點拒絕總比晚一點拒絕來得更加舒心。

朋友借錢，這個可以「拒絕」

朋友借錢，這從來都是一個極度敏感的問題，朋友之間應該有一個清醒的認識，那就是在經濟上不要有太多的關聯。

如果在錢上有太多的聯繫，那就屬於額外的關係，總會給彼此的友情多了幾分限定。有句玩笑話叫「談錢傷感情，談感情傷錢」，這並不是空穴來風，所以朋友之間最好不要有太多的金錢交往，一旦處理不好就是友情的終結。

日本有句諺語：「借錢給朋友，容易失去金錢和朋友。」

當然如果我們很富有，力所能及地幫助別人是應該的，如果我們經濟也不是很寬裕，又有人提出借錢，我們還擔心對方還不回來。這樣的情況下，我們應該合理表示拒絕。

陳君瑞和郝漢生在學生時代是好朋友，在學校時形影不離，沒結婚以前也經常在一起吃喝玩鬧，是很好的哥們。然而兩個人都成家以後，兩個人之間來往就少了。

一天，郝漢生打電話給陳君瑞，說是問他借一些錢，要籌錢給妻子開髮廊。陳君瑞說多的沒有，只存了五千元，於是陳君瑞便去銀行取了錢給他送了過去。現金交給他們夫妻時，小倆口都很感激，陳君瑞說都是朋友，客套什麼。

後來，儘管經常路過那裡，陳君瑞卻從來沒有去剪過頭髮，一來怕影響他們生意，二來怕雙方覺得尷尬。一晃六年過去了，郝漢生當了官，每天坐小車上下班，出來進去都是大酒店。陳君瑞覺得自己矮他一頭，從來都是繞道走，偶爾碰上，對方也從來不提還錢的事。

直到最近，陳君瑞公司集資建房，按條件他有份，但手裡錢不夠。陳君瑞想到了郝漢生，於是打電話向他求援。

當天晚上，郝漢生將錢送了過來，紅包裡卻只有四千。

直到後來，兩個人再沒有見過面，連電話也沒有怎麼打過。

猶太人總結出這麼一個規律：在遇到風險的時候，肯冒著巨大風險向你伸出援手的人，往往不是你對他有恩，而是他對你有恩，甚至他曾經為了你付出了相當大的代價。這條規律在現實生活中也一樣適用。

如果你對一個人付出太多，對方只會一有事就立馬想到你，如果你竭盡全力滿足了他一切的要求，他會認為這是你應該做的，到你需要幫忙的時候，他卻不一定能向你伸出援手。因此，為了避免這樣的關係，一定要「捂緊」你的口袋，對那些動不動就向你借錢的人保持警覺。

當然如果是朋友家裡真的出了大事，比如紅白之事、買房大事，這樣的情況可以盡我們最大的努力去幫忙，這樣的情況如果拒絕別人，在人情上很難說得過去。以後的路很長，要學會隨機應變。

對於那些不想借的人，拒絕的時候千萬不要回覆「和家人商量商量再說」，這樣的說法只會讓對方覺得是你不願意幫他。如果因為其他原因，你打算將錢借給對方，那就要做好收不回來的準備。

對於如何拒絕朋友的借錢，這裡有一些小妙招可供支取：

●**堅持救急不救窮**

每個人都有因為急事需要用錢的時候，當親朋好友真的遇到了困難，伸手幫助一把是應該的，患難見真情有它的道理。但是如果有的人經常向人借錢，這時就不應該借錢給他了，他們的生活方式有問題，總不能要別人來承擔。如果你手上餘錢過多，可以考慮直接援助他一些小錢，當然這是送錢的範圍。

●**直接裝窮法**

就說錢被套牢了，或者自己的錢用去做投資，現在現錢不多。當想要拒絕別人的時候，理由只有一條，那就是沒錢。一般情況下，對方是能認同的，因此可以相信你的苦衷，自然會放棄去說服你，並覺得你拒絕自然有你的道理。

●**坦誠相待，借少不借多**

如果遇到朋友借錢，而你實在無力幫忙，一定要坦誠地說明情況。遇到難以拒絕的事情，別人要和你借一萬元，你可以說目前只有一千元，你就借他一千元，這樣也不會傷害彼此的感情。

●不要答應別人再反悔

如果你一開始就不想借錢給他，就不要答應下來，答應下來再反悔，只會讓對方失落，然後產生別的想法。也不要盲目編理由拒絕，隨便編出來的理由如果有一天被拆穿，兩個人面子上都過不去。

最後，需要注意的是，如果總是有人問你借錢，你便應該反思：是你平時的行為讓對方覺得你闊錢過多，還是你這個人太好說話？遇到借錢的行為，先不要一味衝動地說借還是不借，先考慮自己的實際情況，再考慮對方的情況，力所能及的話那就去幫，費力不討好的話那就拒絕。

從此，別再用「應該」和「必須」強求自己

法蘭克福大學教授狄耶特・查普夫稱，如果你不想做一件事卻讓自己勉力為之，只會讓自己壓力倍增，身心疲憊，從而使免疫系統受損。如果這樣的壓力得不到釋放，很可能患上高血壓和其他心血管疾病。

就好像一些空姐、服務員、電話服務員，他們在工作中經常會受到一些顧客的「虐待」，但他們大部分人需要克制，仍需要對客戶畢恭畢敬。結果顯示，那些必須對挑剔客戶「笑臉相迎」的人，在對方掛斷電話的很長一段時間裡內心仍難以平復。

所以，無論遇到什麼事情，都不要太過強求自己去做一些事情，那樣只會增加自己的壓力。

焦啟紅家裡有個不成文的規定，每到週末，婆婆一定會到她們家裡來，讓她做一大桌子婆婆愛吃的菜，十幾年如一日。她做得不好，婆婆就開始指指點點。焦啟紅一到週五，就開始緊張，然後晚上睡不著覺。時間久了，她開始恨那一天的到來，漸漸有了心理疾病，每到週六的時候，她就開始發病，頭疼欲裂。

後來，心理醫生告訴她，所有的症狀都源於她不會拒絕，如果她能夠選擇早一點拒絕，和丈夫、婆婆能早一點進行溝通，她也不會落下病根。

所以，在面對自己不願意做的、無能為力的事情時，一定要懂得拒絕。適當地給自己做一些自我評價，明白自己和周圍的人比起來，什麼是自己擅長的，什麼是不擅長的。自己應該在什麼樣的地方負責任，對於那些不擅長的，那就給自己拉出一道防線，這樣才能更好地發展自己，不會將時間浪費在一些沒有意義的事情之上。

喬江大學畢業沒多久就拿到了會計師資格，他自信滿滿來到大都市，想要大幹一番，從而證明自己的人生價值。

沒過多久，喬江便找到了一份工作。剛一上班，老闆就對他格外重視，知道他沒有找到住的地方，就讓他到自己家中居住。喬江找到了住的地方，老闆卻說沒有必要花那些冤枉錢，執意要他待在自己家裡。

兩個星期之後，老闆問他工作上的情況，喬江說老闆對他這麼好，自己一定好好工作，從而來回報公司。然而，老闆話鋒一轉，問他去年考試考得怎麼樣，喬江說考得還不錯。老闆看著他，說自己工作太忙，沒有時間去學習，問喬江能不能去替他參加考試。

喬江一愣，說那樣的作弊查出來怎麼辦，老闆卻口口聲聲拿人格擔保，說絕不會被發現。喬江說容他考慮一下。喬江思慮再三，還是拒絕了老闆的請求，無論是在法律上還是道德上，他都不允許自己去那樣做。但老闆待他確實是不錯，他拒絕的時候還帶了幾分愧疚。

然而第二天他去工作的時候，老闆完全換了一副嘴臉，說對他很失望，完全辜負了對他的信任，要他馬上辭職。雖然喬江離開了那個公司，但心裡很開心。

將拒絕別人的時間投資到自己身上，進一步提升自己的價值。一旦能做到開始主動「拒絕別人」時，你的價值也會提升數倍。當然，拒絕別人並不是不分青紅皂白地將別人拒於千里之外，這也要求我們在生活中培養出判斷力，明白什麼時候該拒絕，什麼時候不該拒絕。

在拒絕別人的時候，也要講究一定的藝術。真誠地將自己的理由、苦衷告訴對方，拒絕別人的時候不要磨磨蹭蹭，更不要模棱兩可、拐彎抹角，不要讓對方抱著一線希望。更不要讓對方誤認為你已經答應對方的請求，拒絕的時候要掌握巧妙的方法，儘量用委婉的語氣。

學會拒絕別人可以減少很多心理上的壓力，可以在人際交往中爭取到更多主動權，不要擔心拒絕會讓友情喪失。要記住，真正的朋友不會因為你的一次拒絕就遠離你，所以調整好自己的心態，該拒絕時就拒絕，該堅持原則就堅持原則，真正的朋友是相互坦誠的，絕不會強人所難。

內心強大，才能勇敢拒絕

導演宮崎駿在《幽靈公主》裡說道：「內心強大，才能道歉，但必須更加強大，才能夠原諒。」所謂的內心強大，是指意志堅定，不受外界影響。無論外界有多少誘惑，都能保持自己內心的堅定，有著「走自己的路，讓別人說去吧」的信念。我們這裡要說的是，擁有足夠強大的內心，才能勇敢地去拒絕。

哈佛畢業的一位成功人士很有感慨地說：「我在哈佛學到最珍貴的東西，不是知識，而是敢於挑戰權威、堅持主見的勇氣。縱然是面對權威，也要敢於說『不』，也要敢於發出自己的聲音，這樣才會走得更遠。」

研究表明，一件事情，你越是難以拒絕，就越有可能感到壓力甚至抑鬱。內心強大的人應該懂得拒絕是必要的，他們會懂得如何合理地拒絕別人，然後提出自己的看法。

兩位女大學生，到一家外貿公司去實習。但是她們所做的工作和本職無關，不是報單、到工廠，反而是陪主管客戶出入KTV，成了陪酒人員。

其中一個女孩十分放得開，她大大咧咧的，一點也不在意公司的主管以及客戶在她身上「佔便宜」。最後甚至和公司一位有家室的副總「眉目傳情」。另一個女孩不堪忍受，憤然離去。

那位在公司混得如魚得水的女孩好心勸她：「現在工作這麼難找，被占點便宜也損失不了什麼，你不用那麼認真的。」

選擇離開的女孩說：「我一定要有自己的實力，不需要出賣自己做這些事。」後來女孩重回學校，開始讀研究所。她昔日的同事在外面吃喝玩樂的時候，她正忙著申請留學。

兩年後，她如願以償地進了史丹福大學商學院，畢業後成了美國一家著名公司的駐華貿易專員。

有的人認為，拒絕是一種技巧。但是更多的，拒絕是不違背自己原則的底氣和實力。一個人要拒絕自己不想應承的，要麼有自己的實力，要麼有底氣。即便現在沒有實力和底氣，也要努力去爭取，相信不遠的將來一定可以得到。

有的人總是不敢拒絕別人，對於讓自己為難的事情總是勉為其難地接受，比如好朋友邀請自己去唱歌，本來很反感那個地方，但為了朋友的面子硬著頭皮去了。一個品行不端的熟人來借錢，明知錢借出去有去無回，但又說不出任何拒絕的話。這樣勉強去做一些自己不喜歡的事情，只會讓自己心力交瘁。

現實生活中，這種害怕拒絕別人的心理，是一種害怕自己不被接納的焦慮，是一種用「有求必應」的行為實現被接納、被重視的需要，這是一種內心極度不自信的表現。而那些內心強大的人在覺得自己應該說「不」的時候，他們不會說「我不確定」或者「我覺得我不能」這樣的詞，他們會自信地說「不」，因為他們知道自己還有其他的安排，他們知道自己的價值並不是通過討好別人來實現的。這也給了他們更多成功的機會。

做一個內心強大的人是很重要的，那麼，如何才能做到真正意義上的內心強大呢？

首先，學會揚長避短

在學習工作中抓住機會展現自己的優勢、特長，同時要注意彌補自己的不足，讓自己不斷進步。無論是在學習還是工作中，結合自己的興趣，發揮自己的長處，才能將當下做得更好，才能更有底氣。

其次，做好充分的準備

在從事某項活動前，做好充分的準備，這樣在參加活動時，才會更加有自信。有了這樣成功的經驗，有助於增加內心的自我滿足感。將壓力變成動力，尋找一些方法，學會自我調養，可以做一些適當的運動訓練。要學會將壓力變成動力，這樣才能不斷學習、充實自己。

第三，給自己定下恰當的目標

目標設定不應過高，過高的目標對於自己會有進一步的打擊。也不能太低，太低的目標會讓人失了動力。結合自己的實際，跳一跳能夠得著的目標最合適。同時學會不斷調整自己的情緒。每個人都有自己的情緒，要不斷地去調整。

第四，養成獨立意識，不要總想著依靠他人

遇見事情要靠自己去解決，這樣能不斷激發自己的潛力，在一次次的成功中，才能使自己強大起來。要具備積極主動的心態，這樣的心態可以幫助我們調整情緒，讓我們更好地直面苦難，消極的心態只會讓我們退縮。很多時候我們並不是敗給了困難，而是敗給了自己的心態。

最後，要具備成長的心態

不害怕失敗，不畏懼出醜，每個人都會面臨挫折和失敗，如果畏懼出醜而不去嘗試，永遠都不可能取得成功。失敗了就去檢討，成功一定有方法，失敗一定有原因。

做一個內心強大的人，保持樂觀向上的心態，縱然是拒絕了別人，也不要心懷愧疚，先將自己做好，然後有精力再去幫助別人，等你走到足夠的高度，別人也絕對不敢小覷。正如喜劇大師卓別林所說：「**學會說『不』吧，那麼你的生活將會美好得多！**」

第八章

做個有稜角的人
讓個性保護你的本真

害怕面對衝突的好好先生

無論是生活中還是職場中，在遇到矛盾衝突的時候，我們總是試著去迴避它，而不是直面困難，從真正意義上去解決它。

通常情況下，逃避的方法很少奏效。其實，迴避衝突是不能平息衝突的，也不能從根本上解決問題，它只不過讓問題拖延了一下。

小薇調到新的公司，能力被老闆看好，有意提升她做部門經理。但是她的到來，影響到了公司「元老」祈芸的利益。若是小薇不來，部門經理的位子勢必就是祈芸的。祈芸是公司的老人，老闆也知道小薇的到來祈芸一定會不高興。便處處叮囑小薇，凡事一定讓著祈芸。

於是，小薇便處處忍讓，儘管好幾次都知道祈芸是故意找碴，也不去和她正面衝突。

一次開大會，其他經理質疑祈芸的方案出了問題，誰知道祈芸指向小薇，說這些全是小薇的主意，她只不過是按小薇的意見做的。於是，眾目睽睽中，小薇面紅耳赤，莫名其妙背上了一個大黑鍋。

當你害怕衝突，不敢去面對衝突的時候，衝突就成了最大的攔路虎。你害怕事情找你，結果事情找的就是你。那些害怕衝突而想方設法躲避的人，只會漸漸地喪失自己的自主選擇權。

極力避免衝突，經常會陷入一個怪圈，那就是常常忽略自己的想法而去取悅他人。若是你打心眼裡忌憚衝突，一味地討好別人，那便值得反思了。只有在實踐中解決衝突，才能從真正意義上解決問題。一味地逃避，只會讓心結越來越大。

王欣大學時剛住宿舍，進宿舍的時候，她老是擔心自己與室友的關係能不能相處好，老是擔心自己會被孤立，於是事事順著室友，有什麼好吃的，都拿來和大家分享。

然而，漸漸她便發現事情並不像她想的那樣，大家好像越來越不把她當回事，不經她同意用她的東西不說，還隨意亂翻她的櫃子。一次她推門進來，發現室友竟然捧著她的日記本看。更讓人氣憤的是，那個人絲毫沒覺得不對勁，看她回來便直接放下就走了。

王欣怒火上來，沒有選擇沉默，她對她們說：「是我平時太好說話，所以你們敢不把我放在心上？未經別人允許不亂動別人東西，這是最起碼的做人禮貌，不知道麼？」

那是她第一次對著室友發火，她們也真真正正見識到了她的脾氣，以後對她再也不敢太過隨意了。

對於我們大多數人，在生活中或多或少一定會面對衝突，面對衝突如果不選擇逃避，那麼，該如何解決呢？

首先，要多進行觀察學習

人際交往中，一定有很多人，他們善於表達自己，能夠將自己面臨的問題處理得很好。在這個時候，我們便要留心去看他們是怎樣解決這些衝突的。看他們用了什麼樣的技巧，他們的說話方式如何，然後經過他們解決後，得到什麼樣的結果，這樣的結果你是否滿意。以他們這些人為榜樣，學習他們的處事方式，學習他們的為人方法。只要你多學習，一定會取得更大的進步。另外，電視、書本、網路等，都可以作為你學習的來源。

其次，找一些朋友和你當場示範

多學習不如親自實踐，邀請朋友在相應的場合下親自做示範。相信在朋友的示範作用下，可以更好地修正你在交流中遇到的不適當情緒和反應。

最後，改變內心想法

害怕衝突的人，通常心裡想的是：我最好不要說這些話，萬一這些話讓人不開心怎麼辦，他們生我氣怎麼辦，我下不了台怎麼辦。你心裡的暗示促使你形成了這樣的行事風格。這時候，你便要把你心裡的語言換成積極的。比如：我要是憋在心裡，怎麼知道對方同不同意，怎麼知道別人的想法。我說出來，或許也沒有那麼糟糕。

試著改變內心的想法，再去看自己的行為，通常會有意想不到的效果。

不做職場當中唯唯諾諾的「Yes man」

在職場中，我們經常會遇到一些人，他們對自己沒有自信，意圖取悅別人，常常一臉微笑，對所有人的要求不加拒絕。別人交代給他們難以做到的事情，他們也義無反顧地接受。會議上，他們人云亦云，沒有自己的主見。他們不善言談，從不敢和老闆說「NO」，無論別人說什麼，他們都盲目附和，總是被人牽著鼻子走。他們以為這樣的方式可以使自己避開爭論，獲得好的人緣，但是很多時候，事情並不會因為他們的「迎合」就這樣結束，反而面臨了更多的麻煩。

要明白的是，在職場裡，沒有人會因為你的謙虛和唯唯諾諾給你多大的優待。連你都認為自己不行，別人更不會把你當一回事。以這樣的心態混職場，只會被人遺忘在角落。

有人認為，唯唯諾諾也無可厚非，最起碼可以明哲保身。但是，「唯唯諾諾」和「明哲保身」區別是很大的。一個消極被動，一個順勢而為。「明哲保身」是為了厚積薄發，這一次的謙讓為了下一次的發光發彩。而一味「唯唯諾諾」地妥協順從，只會給自己的工作增添無盡的難題。

孫小榮大學剛剛畢業，她找了一份文案工作，她工作小心謹慎，從沒出過什麼大的差錯。性格更是老實。同事們無論有什麼問題，只要找她，就會得到她全心的幫助。

然而，正因為她從來不會拒絕別人，凡事都說「好」。結果常常讓自己疲於奔命。工作經常加班，忙的卻不是自己的事。然而，更令她想不到的是，三個月實習期過後，她被「客氣」地遣送回家。

她的考評組長說：「我尊重的是實力，只要你有實力，無論你是什麼樣的性格，我都可以接受。凡事來者不拒，凡事都說「YES」，一味地討好別人，不過是自以為是地認為實現了自己的價值，實現了自我的滿足，但是我需要的並不是這樣的人。」

孫小榮的例子讓我們看到，正因為她的來者不拒，事事「YES」，結果將「NO」留給了自己。

那些不敢對別人說「NO」的人，多半將自己的夢想和激情壓到最低點。對於工作和生活，他們選擇妥協，將自己折騰得精疲力竭，卻往往收穫不了好的結果。

在老闆的眼中，職場人分為三種，實用的、喜歡的、沒感覺的。對於那些凡事唯唯諾諾的人，老闆經常會將他們劃歸為實用的和沒感覺的。如果工作老闆覺得滿意，便會劃歸為實用一類，但若是工作總是讓老闆不滿意，那麼便會被劃歸為沒感覺那一類。若是被劃歸為沒感覺，那麼離被辭退就沒有多遠了。

凡事一股腦地接受，並不意味著你能力有多強，有時候從另一個角度可以看出，你的職業規劃其實並沒有那麼清晰。

有時候說一聲「不」，意味著主動去進行選擇，同時也意味著你可以看清什麼事情對你的發展是有利的，這說明你有較為清楚的職業規劃。把握好這個度，會讓你周圍的人對你更加尊重。

有的人初入職場，會產生一種錯覺，覺得我是為老闆服務的，老闆開心，一切都好。但是，你要明白的是，你要服務的並不僅僅是老闆，更多是公司。凡事盲目答應下來，對老闆並沒有多大的好處，對公司也沒有多大的利益。

因此，當切身利益受到了影響，不要再唯唯諾諾下去了，適當地說「不」，讓上司和同事瞭解你的情況，在工作中保持溝通，這樣彼此才會心情愉快，才會更多地得到他人的尊重。

敢於表達自己的人，更能獲得尊重

無論是在工作還是生活中，只有將自己內心的話說出來，別人才能聽到你的聲音，明白你的想法，然後適當地調整他們自己的觀點，達到一個讓彼此都感到舒服的境地。但是如果你不懂得怎樣去表達自己，無論什麼都悶不吭聲，別人便會順理成章地認為你同意了他們的看法。時間久了，你就變得可有可無。

不去表達自己觀點的人，就是放棄去爭取自己的權益。你自己的權益若是連你自己都放棄了，還有誰能為你爭取？調查顯示，成功的人都是敢於表達自己的人，只有敢於表達自己，才能讓人知道自己的底線在哪裡。

美國康奈爾大學做過一項調查，然後得出結論：在分析了職場人員的「隨和度」之後，發現那些脾氣差的，敢於發出自己聲音的人，普遍比那些不敢發出自己內心聲音的人薪資高百分之十八。

有的人在職場中，不敢去爭取自己的權益，不敢要求老闆加薪，認為老闆欣賞的是踏踏實實做事的人。他們日復一日努力做事，卻從來沒有勇氣向老闆提出加薪。

然而，真正的老闆往往不喜歡那些從不跟他要求加薪的員工，因為，在他們的心裡，若是員工有底氣提加薪，恰恰說明工作完成得不錯。

老闆們覺得你既然敢提出升職加薪，那就說明你的工作價值已經超過了你目前的所得。只要你提出了自己的想法，無論老闆們是否同意你的要求，至少在他們心裡，你已經評估過自己的價值。而對於那些「無欲無求」的員工，很多老闆表示，他們都不太敢用。一個「無欲無求」的人，不敢去表達自己的想法，即便你工作再努力，老闆也看不到，他們會以為你的工作是散漫的，他們甚至會懷疑你工作的積極性。

在這個充滿競爭力的時代，不敢表達自己觀點的人，是一個人成功路上的最大阻礙。

如果你一味地去退讓，做一個永遠不發出自己聲音的「悶葫蘆」，那麼時間久了你的同事、你的老闆就不會去在意你的想法。他們會將你做的一切視為理所當然。無論在職場還是在生活中，你一定要保留自己的稜角，敢於發出自己的聲音，這樣才是你升職加薪的重要保障。總而言之，不要做「悶葫蘆」，萬事都要鬆弛有度。

蕭然是一個很好說話的人，他在澳洲留學，對於同一寢室的兄弟更是能讓則讓，覺得大家出來都不容易。然而臨近畢業的時候，他驚異地發現自己的論文居然被同門抄襲，他差點因為這個畢不了業。

大家知道了紛紛指責他的同門，他卻說，現在憤怒也沒用，憤怒也變不成論文。於是他選擇「大度」地一笑而過。大家都是哀其不幸怒其不爭，也只好隨他去了。

確實，事情發生了，憤怒沒有多大的用處。但是你若放棄了自己的權利，連表達的欲望都沒有，那下次這樣的事情還會發生。很多人總是不知道該如何表達自己的觀點，怕說出自己的觀點會得罪人，擔心讓別人不開心。於是總是錯失了良機。那麼該如何巧妙地表達自己的觀點呢？

首先，要表達自己的看法，可以先贊同對方的觀點，然後再提出自己的意見。縱然對方的話是錯誤的，你也可以從對方的話裡找到可讚許的地方，先表示肯定，然後再說出自己的看法。比如可以這麼說：這個觀點我原來也是這麼想的，但後來我又想了一下……

其次，可以用第一人稱代替第二人稱，「我們這樣想啊……」「我們這樣試試看……」這樣的表達方式不會讓人覺得太過反感，「統一戰線」的代入感更容易讓人接受。

第三，對於不想答應的事情，可以採用「移花接木」的方法，以這一件事去拒絕另一件事。或者先答應後婉轉拒絕，首先先應承著，然後再巧妙地轉折回來拒絕。

無論在職場還是在生活中，學會去表達自己的看法很重要，否則心中堆積的不滿太多，情緒排解不出去，就會越積越多，然後污染你的內心。

不敢表達自己，這是一種消極的行為。無論在職場還是生活中，很多事情都需要積極主動地讓別人知道你的內心想法，這樣你才不會為人所輕視。不要只一味想著：只要自己有才能，就算默默無聞也會被人所接受。要知道，弱肉強食，在這個競爭激烈的時代，當別人都在勇往直前的時候，你的默默無聞只會讓你和別人的距離越來越遠。

說點實話和狠話，給人醍醐灌頂之感

很多時候，尤其在為人處世中，我們唯唯諾諾，這個不敢說、那個不敢講，生怕會得罪人，日子久了，反而學會了阿諛奉承。要知道，浮誇的阿諛奉承只會讓人感到不真實，甚至有時候會讓人感到厭惡。所以，有時候不妨真實一些，該說實話就說實話。

因為很多時候，直言不諱地表達觀點會讓人在面紅耳赤之餘，感受到批評者的良苦用心。仗義執言、性格豪爽的人能通過語言來讓人警醒，從而讓聽者認識到自己不好的行為，獲得改變和進步。

但是也要注意，有時候言辭過於激烈是會得罪人的，「良言一句三冬暖，惡語傷人六月寒」，所以這個時候我們應該如何處理彼此的關係便變得越來越重要。對於我們來說，在日常生活中，一定要把握好說話的分寸。

已故的賈伯斯在很多人眼裡是惡魔，因為他說話太過直白，很多時候言辭都比較難聽。這不僅對於下屬，甚至還有別人眼裡看起來「高不可攀」的人。

美國前總統克林頓在任期間爆出性醜聞，賈伯斯接到克林頓打來的電話。他希望賈伯斯可以給他提出一些中肯的建議。賈伯斯卻回答：「我不清楚你是否做了這麼一件事，如果是的話，我覺得你應該告訴全國人。」

賈伯斯也曾與美國前任總統奧巴馬見過幾次，他們也曾發生過衝突，賈伯斯對奧巴馬說：「你也就當這一屆總統。」

說話需要直白和勇氣，但也要明白，辛辣直白的語言更需要技巧，只有你說的話是真誠、合理的，別人才會接受。有時候，帶著辛辣的批評在讓人面紅耳赤之後，才能體會到其背後的良苦用心。靈活地運用批評，才能促進自己和身邊的人不斷進步。

如果你一味地唯唯諾諾，束手束腳，不敢表達自己的觀點，如何能適應這個社會？如何能贏得別人的尊重？倒不如大大方方，有條有理地說出自己的觀點和看法。真正得到勸誡的人非但不會記恨你，還會很願意和你做朋友。

或許有的時候，我們的觀點真的因為過於「刻薄」引起了對方的不滿。但是讓對方事後有種醍醐灌頂的感覺也是一種好事。任何人如果能把一語中要害的技巧發揮得淋漓盡致，這已經足夠讓人成大事。

因為有的時候，「刻薄」也是一種行事風格。

理直氣壯地堅守原則

作家木心曾對陳丹青說：「沒有綱領，無法生活。」志堅求成，不改初衷，才能走得更遠。木心本身也是這樣，堅定著自己的原則從不曾改變。

在現在的社會裡，堅持自己的原則很重要。原則就是我們為人處世的一個底線，一旦失去了底線，就沒有了前進的目標和方向。所以，當別人觸犯到我們的底線時，我們要敢於堅持。

辛泰爾是紐約評論界的權威，在美國有將近五百家報紙為他開設了專欄，每天同步刊發他的時評。這些評論每年可以帶給他十萬美元的收入，雖然離真正的富人還有一些距離，但這樣的收入已經足夠讓他活得很體面。

在當年的美國，辛泰爾的影響力無人能及，紐約電台甚至承諾，只要在他工作的寫字台上裝上一台播音機，每天一分鐘，就給他五百美元。著名的華納電影公司更是竭盡全力向他拋出橄欖枝，希望能和他合作，華納公司寄給他一張空白支票，讓他隨便寫下酬金數額，簽好字，便可以合作，但辛泰爾統統拒絕了。

卡內基問他：「你為什麼固執到連送上門的錢都不要？」

辛泰爾說：「只有懂得拒絕，專心做自己擅長的事情，才能提高自己的核心競爭力。人應該有自己的原則，這樣才能走得更遠更穩。」

堅持自己的原則是很重要的一件事，當我們面對一件事情時，一定要考慮清楚，在自己能力範圍內的去做，超出的部分要去拒絕。一味地迎合別人，只會讓別人習慣我們的妥協退讓。從而將我們看輕，我們只有尊重自己，別人才會尊重我們。

很多人在不知不覺中降低了自己的底線，直到後來自嘗惡果的時候，才知道堅持自己的底線到底有多重要。有的人為了家庭放棄了自己的事業；有的人迫於條件，選擇和不愛的人結婚；有的人明明擁有自己的夢想，卻妥協於現實。到頭來，這些人留給自己的只有將就。

在《傲慢與偏見》中，彬格萊是個毫無原則的人，他對自己沒有自信，他只相信朋友的評價，他與愛人簡分手後，儘管他心裡依舊喜歡著簡，但聽從朋友達西的建議，認為自己在家庭方面配不上簡，便千方百計躲著她，與愛情失之交臂。正是因為彬格萊沒有原則，才使自己吃了那麼多的苦頭。

達西是一個驕傲自負，又不會表達自我的人。他愛上了伊莉莎白，卻把家族、地位當作婚姻的首要條件，在他向伊莉莎白表達自己的感情時，一度像是施捨自己的感情，好像這樣做使他遭受了多大的委屈。伊莉莎白拒絕了他的求婚，這使達西反過來審視自己的做法和原則，在經過了一系列努力之後，終於贏得了伊莉莎白的真情。

而至於伊莉莎白，她亦有著自己的原則，她不因門第卑微而自卑，知道自己什麼時候應該拒絕，縱然對方是很多女孩夢寐以求的結婚對象。

後來達西的姨母以身分、地位來羞辱她，意圖讓她離開達西的時候，伊莉莎白的回答亦讓人讚不絕口：「我非要按照自己的意志去行事，我認為怎麼做會使我幸福，我就怎麼做……你說達西先生和我結婚，會引起世人的反感和不齒，我倒不以為然。因為總的來說，大家還是有頭腦，不至於都來嘲笑他。」

正是因為伊莉莎白的自尊、自信、自愛，使她戰勝了世俗，有了理想的歸宿，更獲得了別人的尊重。

堅守自己的原則，這不僅是一種行為，也是一種心理狀態。當我們放棄為自己的權利進行合理鬥爭的時候，往往只會淪為受害者，讓別人有機可乘。所以，在面對壓力時，我們不能總是把自己當成受害者，而是要堅守自己的利益。那麼我們該如何堅守自己的利益呢？

首先，在維護自己的權益時要注意言行保持一致

態度自然，誠實地表達自己的意願。缺乏自信的表達者在面對權益爭端時，總會選擇放棄，因為他們覺得這種意願沒有到必須要表達出來的地步。我們應該學會堅持自己的原則，屬於我們的，應該理直氣壯地拿過來，畏畏縮縮只會讓別人瞧不起。

其次，學會合理地表達自己的憤怒

美國心理學家雅克・希拉爾說：「憤怒是一種內心不快的反應，它是由感到不公和無法接受的挫折引起的。」很多時候，我們難以承受別人的憤怒，也不想表達自己的憤怒，常常讓自己吞咽委屈。但是，找到恰當的方法，將憤怒表達出來，才能和他人建立更好的關係。

最後，善用以「我」開頭的句子，在為自己著想的同時，也不要牽涉別人的利益

比如「你現在非要抽煙嗎」改成「抱歉，我聞不了煙味，可不可以請您換個地方去抽」。大多數情況下，以「我」開頭的句子不會牽涉到別人的是非，這樣在維護自己權益的同時，不會讓對方心生不滿。

無論什麼樣的情況，我們要學會堅持自己的原則，屬於我們的，我們要理直氣壯地去爭取。只有自己積極主動，才不會被別人看輕，才能得到自己真正想要的。

還是不要做「太聽話」的乖孩子

一個人如果沒有自己的主見和原則，那便和浮萍無異，總是會輕易地隨波逐流。這樣的人，即使能活百年，也無法感受到真正的自我，無法得到內心真正的快樂。

真正的智者，是心懷主見的人。他們縱然身處逆境，縱然面對著巨大壓力，也能保持自己的主見，堅守自己的信念，這樣才能活出真正的自我，保持心靈深處的那份高貴。

一個人若是沒有自己的主見，任由別人來安排自己的人生，那和傀儡又有什麼區別？別人為你安排的路再好，也不一定是你喜歡的。人與人之間的性格不同，在面對同一事情上，處理方式自然也就不一樣。

所以，若想要自己不後悔，那就勇敢地去追求自己喜歡的。在你自己的人生之路上，一定要聽從自己內心的選擇。

林藝是家裡的獨女，原本家境殷實，然而一場金融危機，使得林家遭遇破產。

余休仁和林藝就是在這一期間認識的。余休仁陽光樂觀，性格開朗，兩人幾乎是一見鍾情。過節的時候，林藝隨著余休仁回了家，她知道他的家庭條件不好，到他家一看，竟比她預期的還要差一些。

父親原本就反對他們在一起，多年的富足生活，使她養成了眼高手低的習慣，縱然破產也改不了。父親知道她不歸家，竟然隨那小子跑到了一個窮鄉僻壤的地方，不知怎麼打聽到了這個地方，連夜便趕了過來。一同過來的還有她的親戚。

那些親戚一邊勸說，一邊流淚，還有的不屑一顧。他們說她不懂事，家裡的女兒好不容易養這麼大，卻要跑到這麼一個地方，甚至還有人說她是「白眼狼」。

但是，林藝是極有自己主見的，她對來的一干親戚說：「你們以金錢衡量一個人的價值，那是你們的標準，我自有自己的標準，而且找對象的是我，不是你們。」

在親戚的不屑與不滿中，林藝還是選擇了和男友在一起。無論何時，人都要有自己的立場，要保持人格的獨立。自己決定的事就不要太在意別人的看法，因為你的生活終究還是要自己去過，而不是別人。

事實證明，林藝的眼光還是不錯的，他們在一起三年，余休仁對她很好，事業上更是積極上進。憑著他自己的能力，很快便得到了上司的賞識，不到三年便被提拔成了經理。

所有的事情，如果你一味地害怕別人的評價，老是在意別人的看法，那麼勢必會一事無成。不要去在意那麼多，按照自己的想法去做，只要成功了，旁人的議論自然就會平息。

做一個有主見的人，不要人云亦云，隨波逐流，尤其在關鍵時刻不要隨便屈從別人，這樣才能獲得成功。人與人之間總是不同的，無論何時，你都不要迷失自己。

做人還是要有一點鋒芒

心靈勵志作家慕顏歌說：「如果你習慣吃虧、沉默、委屈自己、不拒絕所有人，你便會忘記，其實你可以有態度、有觀點、有能力過你想要的生活。一個人越是善良，待人的底線應該越高一點。」

所以，忍讓、謙和是一種美德，但必須把握一定的度。在一些小事上可以不用計較，在一些原則問題上，那是絕對不能退讓的。

一個人如果不敢堅持自己的原則，不敢堅持方圓之道中必要的「方」，永遠以犧牲根本的東西換得一時的苟安。那只能失去做人的尊嚴，根本談不上什麼人格。

林葉芸的公司去了一個實習女學生，她去的時間比較短，很多資料都不太能理解，於是每次都去請教林葉芸。

林葉芸常常很耐心地給她解釋，但沒幾天她又忘了，林葉芸只好次次都親自幫她整理好。

這一天，那女生又去找她，要她幫忙做一張複雜的表，剛好林葉芸那兩天工作特別忙碌，便第一次拒絕了她，讓她自己去弄。

沒想到那女生沒說話，林葉芸抬起頭來的時候，發現那女實習生臉上的表情很是憤怒。她說的話，林葉芸想都沒想到，她說：「你必須馬上給我把表格整理出來，老總馬上就要。」

林葉芸都要被她氣笑了，但還是耐著性子跟她說：「我現在工作都堆起來了，需要馬上整理，你要是著急可以找別人幫你，不著急就過兩天我再幫你。」

那女生頓時火冒三丈：「什麼等兩天，每次都是你幫我，你讓我找誰去？」

林葉芸一聽，火氣也起來了：「你願意找誰找誰，我幫你是好意，不是職責，你以為是我欠你的嗎？」

儘管如此，林葉芸晚上還是熬夜給她做了表格，卻沒有得到她的一句感謝。自此以後，女實習生見了林葉芸，連個招呼都沒有打過。

一味地忍讓或取悅，並不是我們所謂的善良，而是我們不想承認的懦弱。只有挺直腰板，才可以去爭取我們想要的一切。如果我們只是小心翼翼地對這個世界察言觀色，然後滿足於當下，總是放棄自己的利益去成全別人，非但得不到別人的尊重，反而會換來他們的得寸進尺。

《易經》裡說：「君子藏器於身，待時而動。無此器最難，有此器不患無此時。」

愛默生說：「你的善良必須有點鋒芒，不然就等於零。」

所以，我們在善良的同時，一定要具備明辨是非的能力，認清事實的真相，而不是為了善良而善良，不應怕得罪別人而善良。

我們應該記住：人當善良，且有力量。

做一回「惡」人也無妨

現實生活中，有人喜歡做唯唯諾諾的好人，有人喜歡做直言不諱的「惡」人，每個人都有各自的選擇，因為無論選擇哪種處事方式，都有各自的想法與道理。

在《厚黑叢語》中，李宗吾主張用威勢去震懾對方。應用到生活中，就是要人們以「惡」的形象去嚇退敵人，從而達到不戰而屈人之兵的目的。

簡而言之一句話，就是要學會光明正大地做「惡人」。當然，並不是說我們不可以善良，只是我們的善良一定要分清對象，不是所有人都能配得上我們的善良。有時候，我們對惡人的善良，就是對自己的傷害。在面對罪惡的時候，讓罪惡得到它應有的懲罰，讓正義得到伸張才是真正的善。

做一個「惡人」有很多顯而易見的好處，比如說惡人有他絕對的威勢。

一個領導者如果以「惡人」形象出現，有的時候可能會更好地達到他的目的。調查發現，一個「偏惡」的主管比「偏善」的主管更能令下屬為其努力辦事。

或許有的人不喜歡應酬，只想做自己的事，那麼「惡人」的形象會很有效地遏制這些問題。做一個老好人，需要時刻逢人堆笑臉，以至於逢迎巴結。而看似不好接近的「惡人」卻可以選擇做自己。利用「惡」的形象，可以很有效地減少很多不必要的麻煩。

《太平廣記》中有這麼一段記載，唐朝洛陽城中有座寺廟，裡面供奉著幾顆舍利子，供信徒們膜拜祈福。因為這幾顆舍利子，寺廟香火旺盛。

有一日，廟裡來了一個讀書人，說是要見識一下舍利子。這位書生相貌堂堂，談吐不俗，廟裡的和尚們便將舍利子取出，讓書生開開眼界，並且熱情地對他說舍利子的種種故事。

正當僧人們對書生的博聞強識讚不絕口時，書生抓起舍利子一口吞下，這樣的舉動直把僧人們驚了個目瞪口呆。

書生威脅道：「只要給我錢，我便把腹內的舍利子瀉出來還給你們，而且保證不會說出去。」

僧人們無奈，只好答應給書生一個滿意的數目。於是，書生便在僧人監管下吃了瀉藥，將舍利子排了出來。然後書生拿著大筆金銀揚長而去。

「以彼之道，還施彼身」，這是對待無賴的辦法。如果瞻前顧後，顧慮太多，只會讓對方屢屢得逞。和尚們如果以強硬的手段來處理，讓書生明白如果不將舍利子還回來，將付出慘痛的代價，書生也不會這麼容易得手。

適時地做一個惡人是很有必要的，該善即善，當惡即惡，這樣才能活得瀟灑肆意。日常生活中，總有人做一些費力不討好的事情，他們一味討好別人，對於別人的要求，硬撐著答應下來，結果沒做好反而得到抱怨，還讓自己難受。

在韓國電影《今天》裡，女主角的未婚夫在雨夜被一少年開摩托車撞傷，那少年害怕承擔責任，竟選擇將人撞死。但女主人公卻選擇了原諒，甚至替對方寫了請願書向法官求情。

然而，女主人公的善良並未讓少年迷途知返，反而在學校因為嫉妒再次將同學殘忍殺害。

女主人公的一番好意，並沒有得到誰的感激，未婚夫的大姐反而因為她的原諒和她心生嫌隙。

人要有善良，這毋庸置疑。但如果對方的行為超過了我們的心理預期，那便不要繼續善良下去了，過度的善良便是懦弱。所以，適時地做一回惡人，勇敢地爭取屬於自己的權益。

保持本色，不讓這個世界輕易改變你

愛默生在《論自信》中說：「在每個人的教育過程中，他一定會在某個時期發現，羡慕就是無知，模仿就是自殺。不論好壞，他必須保持本色。」

人在世界中，總是很容易迷失自己。但是要記住，在這個世界上我們每個人都是獨一無二的，要保持自己的本色，做個有個性的人。

只有保持自己的個性，保持自己的本色，才能讓自己保持在一個最舒服、最放鬆的生活狀態，才能最大限度地激發自己的能量，做出一番大的成就。過於壓抑自己，只會使我們自己背上沉重的負擔，直到最後不堪重負，完全地走上岔路。

羅藝從小就愛唱歌，她最大的夢想是做一名歌唱家，於是她歷盡苦難，勤練唱功。但是她自小長得不好看，一唱歌牙齒就暴露在外面。因為形象問題，她很是苦惱，在帥哥美女雲集的歌壇，要想出人頭地，真的是難上加難。

剛開始的時候，她在娛樂場所唱歌。第一次在眾人面前唱歌時，她一直試著將上嘴唇拉下來遮住牙齒，以為這樣能掩蓋住自己的缺點，但事與願違。她的樣子不僅沒有絲毫改變，反而她引以為豪的唱功也沒能好好發揮，在舞台上出盡了洋相。

羅藝一度非常自卑，以為自己只會離夢想越來越遠。直到後來，一個用心聽她唱歌的人一語驚醒夢中人，讓羅藝豁然開朗。

那人說：「你是有自己天賦的人，但總是被外在的一些東西影響到，你唱歌的時候只要用心投入，什麼都不用去在意，觀眾才能和你一起沉溺其中。」

羅藝接受了這個忠告，不再刻意去關注自己的形象，全力投入，終於實現了自己的夢想。

很多時候，我們經常忽略本色的意義，認為只有十全十美才會受到歡迎。但是，更多的情況下，我們只有放開自我，將自己真實的一面展示出來，以本色出現在眾人面前時才更有魅力。

卡內基在《人性的優點》中提出：你是這個世界上的新東西，你應該為此而慶幸，並盡力利用大自然所賦予你的一切。

所有的藝術都帶著自傳的色彩，你只能唱你自己的歌，你只能畫你自己的畫，你只能經歷你自己的經歷。所以，無論好壞，找到自我，保持自己的本色。

焦紅在一家公司任職，工作能力也備受眾人稱讚。

但是有一天焦紅卻被調到了其他崗位，負責與自己專業完全不相干的工作。焦紅對新工作完全不感興趣，工作頻頻出錯，經常受到上司指責。

她頭疼欲裂只能去找人事，卻被人偷偷告知，因為老闆的一個親戚空降過來，那個親戚要做的就是焦紅以前的工作。

焦紅有口難言，想去找主管，但怕連累同事；想換工作，又怕自己不適應新環境。每天心不在焉，於是工作上出的問題更多了。

在我們工作生活中，經常遇到類似的情況，明明現在的工作不喜歡，卻不敢輕易做出改變。但其實只要我們確信自己有能力，知道自己應該做什麼，那就勇敢去做。

過分地壓抑自己，只會使我們背上沉重的思想包袱。所以，為何不去保持自己本色，在張揚自己的個性中活出自己的精彩呢？

在《哈姆雷特》中，宰相波洛涅斯曾說：「最重要的是忠於你自己，你只要遵守這一條，剩下的就是等待黑夜與白晝的交替，萬物自然地流逝；倘若果真有必要忠於他人，也不過是不得不那樣去做。」

我們生活的環境頗為複雜，但只要保持了自己的本色，我們便會發現，其實一切並沒有那麼困難。別人的看法那是別人的事情，最重要的是我們自己做到自我欣賞。我就是我，雖不是完美的，但卻是獨一無二的。

在一個電視劇中，女主人公經過千辛萬苦，終於追上了年輕有為的男青年，兩個人走進了婚姻的殿堂。

然而坐在影樓裡，披上婚紗的她反而失聲痛哭：「我不幸福，我並不覺得幸福。」因為這麼長時間裡，她一直壓抑自己的天性。

自己想做的事情，那就毫不猶豫地去行動，這樣才能獲得內心的滿足。只有坦蕩和真誠的人，人們才樂於幫助。相反，對於那些一味揣測別人的人，只會在生活中被人忽視，同事、朋友甚至愛人都會離你越來越遠。

所以當內心有想法時，不要迴避；當矛盾發生時，不要畏懼，以本色面對一切，人生才會迸發出別樣的光彩。

第九章

善良的人
要為自己而活

討好別人不如取悅自己

李霞大學一畢業便到一家公司上班，在這個公司裡，她兢兢業業，以幫助別人為榮。別人若是對她態度友善，她便很開心，如果有一個眼神不滿，她一整天都會情緒低落。

每天在公司，她都把自己過得很累，生怕自己哪裡做得不好讓別人不滿意。只可惜她每天小心地討好這些人，卻沒有換來相應的回報，很多人對她的討好不屑一顧。在這些人眼裡，她的付出都是理所當然的。

漸漸地同事們便開始讓她做一些分外事情，反正她從來不拒絕，同事們一個個都心安理得。後來，李霞越來越累，心力交瘁中選擇離開了公司。

在第二家公司，李霞吸取原來的教訓，不再去討好別人，安安靜靜做自己分內之事，不再去刻意討好誰，也不再去考慮別人怎麼評價她。漸漸地贏得了別人的尊重。

討好別人，在理論上是一種投射性認同方式，過度地討好他人，或許是這世界上內耗最高的事情。當你全身心去注意他人的情緒時，往往會忽略自己內心的聲音。李霞原來的做法就是太重視別人，反而忽略了自己。試想，當你自己都忽略自己的時候，誰還會將你放在心上。

因此，討好別人，倒不如去取悅自己，只有取悅自己，別人才會來取悅你，而你的價值，才會讓他人注意到。取悅自己，絕不是自私的，也不是為了得到什麼，而是讓自己變得舒心快樂的同時也能感染周圍的人，大家一同快樂。只有在自己的世界裡快樂地生活，才能更好地面對自己，面對別人。

一位詩人去找他的禪師朋友，說出了他的煩惱。

這位詩人的名氣其實已經很大了，但他煩惱的是他還有很多的詩沒有被發表，也沒有人去欣賞。

禪師聽著他的煩惱，目光移向窗外，指著窗外的植物問他：「那是什麼花？」

詩人不假思索地說道：「夜來香啊。」

禪師說：「對，夜來香。因為只在晚上開花，名字由此得來，那你知道它為什麼不在白天開花嗎？」

詩人搖頭說不知道。

禪師笑著和他說：「它不和其他花比嬌豔，它夜裡開花，不為別人，只為取悅自己。」

那些白天開的花，都只是為了引人注目，得到他人的讚賞，而夜來香最為難得，縱然夜間無人欣賞，它也獨自怒放，把芳香留給自己，只為讓自己快樂。我們身為一個人，領悟力難道還不如一株植物？

所以，取悅自己是一條自我關愛之路，它不同於「自戀」，而是更人性化地對待自己，這也是提升一個人自我價值的重要方式。一個人，只有取悅自己，才能不放棄自己，才能提升自己，才能更好地影響他人。要知道，我們存在於這個世界，不是為了討好別人，而是為了讓自己更好地活著。

取悅自己，是接受自己的一個過程。接受自己，不僅要接受自己的優點，還要連自己的缺點一併正視和接受。這不是自戀、不是盲目，也不是抵抗世俗，而是讓自己變得更加美好的同時，讓周圍的一切也變得更加美好。

你會發現，當開始選擇取悅自己，世界將變得不一樣。有的時候，隨著時間的流逝，我們都不再去取悅別人，而是跟誰在一起舒服就和誰在一起。對於那些讓自己不舒服的人，讓自己覺得累的人，自然而然遠離也就是了。

無論在生活還是職場中，你會發現，有的人是討好不了的，也是取悅不了的，與其費心思在別人身上，不如花時間好好充實自己。

人的精力總是有限的，給自己留更多一點的時間。取悅自己，不是一種自私，而是記得初心，知道自己要往哪裡走。

當你開始取悅自己，你的身心就會變得更加美好，在這個浮躁的時代裡，你的美好，對他人來說，充滿著不可估量的價值。相反，當你對別人付出太多，自己就會變得薄弱，一旦你的可利用價值消失，交情也隨之消失。

所以，我們要在不自私的同時，學會愛自己，寵自己，學會讓自己沉澱下來。寧可孤獨，也不違心。寧可抱憾，也不將就。

不必總是活在別人的眼光裡

你是不是經常遇到這樣的情況：出去玩耍，別人看你一眼便立即反思自己穿的衣服是不是不合適；給朋友發資訊，十分鐘朋友不回覆，就在想是不是自己以前說了什麼話讓朋友不高興了；別人一個眼神看過來，就在想這是什麼意思。

你是不是總是因為別人的行為語言而過度焦慮，讓自己心中難受？如果是的話，心疼一下自己吧，你總是活在別人的眼光裡，常常在別人的眼光中失去自我。想要讓每個人都喜歡自己，這是不現實的。每個人有各自不同的想法，太在意別人的想法，只會讓自己變得精疲力竭。對於那些無足輕重的人，我們不要太過在意他們的看法。

列斯科夫說：「這個世界上有兩種人，一種是活給別人看，一種是給自己看。」活給別人看的人，總是會戰戰兢兢，在別人眼光下討生存，將自己搞得心力交瘁。

其實，你要明白一件事。在現實生活中，大家都在忙自己的事，哪裡有那麼多時間和精力去天天關注你，你所謂的別人看不起你，很多時候都是自己給自己的暗示。大家關注最多的永遠是自身，很少有人會去在意你的想法，你過於敏感，其實就是自己太沒有自信。

釋迦牟尼是印度一國的王子，他出身富貴，只要他按著父母給他安排的道路走下去，那麼便會無憂無慮地度過自己的一生。但是，讓所有人驚詫的是他們的王子出家了。他離開了自己的國家，踏上了漫漫苦修之路。

沒有人理解他的做法，包括疼愛他的父母。他放棄了富貴榮華，選擇餐風飲露，去吃從來不曾吃過的苦。然後，他向各階層說法教化，糾正了時代文明的偏失，維護了剎帝利的階級利益，他被尊稱為釋迦族的聖人。

若是釋迦牟尼當初太過在意別人的看法，就在自己國家過著父母給他安排好的生活，他一定會泯滅於歷史長河之中，如何可以像如今一樣，享受眾生敬仰，千百年來受盡萬家香火。

三毛在《夢裡花落知多少》中曾說：「生命短促，沒有時間可以再浪費，一切隨心自由才是應該努力去追求的，別人如何想我便是那麼的無足輕重了。」

所以，不要活在別人的嘴裡，不要活在別人的眼光裡，試著將命運把握在自己手裡。人這一生，值得你去關注的地方很多，不要因為別人的一個眼神，就將自己輕易否定，你要學著將自己從別人的評價中解放出來。

要知道，在人生的旅途中，方向是由你自己把控的，你生命列車的主人只有你自己。不要讓別人去駕駛你的人生列車，穩穩地將方向盤把好，或倒車、或停車、或轉彎，那都是你自己的選擇。人生的旅途短暫，珍惜自己的生命，別人的意見可以參考，但不要像浮萍一樣，太過隨波逐流。

不讓別人的意見淹沒了你的心聲，最重要的是擁有跟隨內心和直覺的勇氣。你的內心和直覺知道你自己真正想成為怎樣的人。

如果你無法做到不去在意別人的眼光，那麼嘗試去做這幾點：

首先，要看到自己。或許你以前太習慣注意別人的想法，總是忽略自己的想法。現在，嘗試去注意自己。用心地去聽你內心的聲音，知道自己到底應該如何去做。然後試著跟著自己的心走，至於別人的看法，實在沒有什麼理會的必要。

其次，重新認識自己。很多人太在意別人的看法，很重要的原因之一就是妄自菲薄。他們老是覺得自己什麼都不如人，什麼都差，將自己批評得一無是處，然後希望在別人的眼光中找到自己存在的價值。但是，要知道人無完人，每個人都有自己的缺點，你要是抱著缺點不放，如何能呼吸到正常的空氣，如何能像正常人一樣生活？

最後，試著去接納自己。認識到自己的缺陷不足之後，同時也要去找到自己的優點長處，然後將優點、缺陷一一接納。很多時候，你要把別人的眼光當成自己前進的動力，而不是理所當然地將它們視為壓力。

一個人在社會中，完全不在意別人的想法自然不現實，但是要是整天因為別人的想法患得患失，從而迷失了自己，只會讓自己對這個世界感到失望。所以，不要太刻意地在意別人的想法，要對自己有一個客觀的認識。去做你自己認為正確的、應該做的事情。

不必逞強，你沒那麼堅強

我們自小就被灌輸了自立自強的概念，覺得無論面對什麼都要自己去抗，無論面對什麼事情都要自己去處理。於是漸漸地，我們便習慣性地硬撐著微笑，硬撐著開朗，硬撐著接受自己承擔不起的一切，習慣性地將硬撐視為堅強。

堅強本無可厚非，但是承擔自己承擔不了的東西，那就是逞強。過於逞強會讓別人覺得你什麼都可以，旁人也無需對你提供任何幫助，日子久了，你會麻木到連自己都以為自己不需要別人的幫助，理所當然地將壓力背負在自己身上。

所以，無論是面對什麼，你都要學會恰到好處地示弱，適時卸掉一些本不該屬於你的負重。

倪希男辦事乾脆俐落，理所當然成了主管的左膀右臂。大家覺得她比別人付出多是應該的，反正她有的是精力。然而很少有人知道，她為了完成多出來的工作，常常加班工作到深夜。

她的男朋友在她的映襯下，便顯得尤其的微不足道。兩個人一起出門，檢查錢包鑰匙的是她；颳風下雨擔心門窗沒關的是她；親朋往來間，擔任主角的也是她；甚至車胎爆了，第一個下車的也是她。

在她扮演的所有角色中，她簡直是無所不能。然而，她男朋友卻離開了她，選擇了和公司前台弱不禁風的女子在一起。

年輕人確實應該努力，但也不要太過逞強，太過逞強，將自己的弓拉得太滿，再好的弓也會被拉斷。

人不能過於柔弱，也不能將自己當成超人過於逞強。你要記住，適時的示弱是個獲得幫助的好方法，千萬不要練就一身本領，而忘記了自己承擔的重壓。

恰當地示弱並不是無能的體現，而是卸掉一些本不該屬於你的負擔，得到一些本該屬於你的關懷。你要抽出一點時間，從忙碌中抽身，給自己減輕負擔。你要知道，這個世界，並不是沒了你就不能運轉。

聰明的人，是會懂得公私兼顧，公司和家兩個都打理得井井有條。在公司積極上進，回到家便可以將繃緊的弦稍微拉鬆。一張一弛，也能給自己留下喘息的餘地。

常言道：「物極必反，水滿則溢。」我們應該慢慢領悟到，凡事需要把握一個合適的度，一切要懂得適可而止。我們在處理問題的時候，要給自己留有一定的餘地，凡事有個度，留有餘地才能讓生命走得更長更遠。

要照顧別人，先把自己照顧好

人生在世，誰都想將工作生活都兼顧好了。所以工作上不敢有半點馬虎，家裡事情不敢有絲毫含糊，拚命去賺錢，拚命去努力，拚命去維持著自己想要維持的一切，但總是忘了要把自己照顧好。

換一個角度來講，你若愛你的丈夫、孩子、父母，想要很好地照顧他們，首先你自己要有一個健康的身體和良好的情緒，這樣才能夠更好地去愛他們。若是你自己狀態不夠穩定，那你給予別人的愛一定是欠缺的，很有可能讓接受它的人心有不安。

所以，從愛別人的角度來講，也應該學會愛自己，首先將自己身體和情緒照顧好了，才能給予他們最好的愛。

二〇一六年，一名女演員徐婷因患淋巴癌於九月七日在北京三〇四醫院去世。

徐婷雖然死於癌症，但也和常年生活、工作壓力大有很大的關係。徐婷家裡兄弟姐妹多，她排行老三，後面還有四個弟弟妹妹。大學沒讀完她就帶著三百塊錢北上工入，這三百塊錢，在二三線城市都活不了幾天，更不要說在北京。她拚了命地拍戲，她說：「我無數次地熬夜拍戲，壓力大到喘不過氣來。」

她所有賺下的錢，全部拿回去給弟弟妹妹交了學費、給房東交房租、替父母還債……她無數次熬夜拍戲，累得腰椎間盤突出卻依舊在大冬天泡在冰水裡，她透支著自己的生命在賺錢。

在我們從小到大接受的教育裡，始終都在強調，捨己為人，永遠將自己排在最後。但是，如果滿心裡全是別人的影子，不將自己放在心上，那麼註定會失去自我，甚至得不到一個好的結局。

所以，一定要先愛自己，先照顧好自己，每天給自己新鮮的養料。因為你堅持奉獻自己，以別人為中心，很可能會碰壁。只有學會關愛自己，才能不斷煥發生命的活力。要學著去照顧自己、心疼自己。

女作家畢淑敏在文章中曾寫過這樣一句話：**等著躺進墳墓才想起是為自己而活，才開始享受生活。這樣的生活，我們一定要竭力避免。從現在開始，就開始好好地去愛自己，把自己照顧好。**

要記住，照顧好自己是照顧好別人的前提。當你重視自己的時候，你也會平等地看待對方，對方也會平等地去對待你，這樣兩個人才會平等。否則，你將全部精力投放在別人身上，就像將所有重力壓在了蹺蹺板的這頭，另一頭勢必為人所忽視。

一輩子沒有多長時間，所以，善良的人，在你拚命為別人著想，拚命想著去照顧別人的時候，不要忘了先照顧好自己。在這個世界上，只有一個人是永遠不會離你而去，這個人就是你自己。在照顧別人之前，一定要愛自己多一點。愛自己多一點，那樣你的人生就多一點陽光，少一點淒風冷雨。

自己學會去愛自己，才可以更好地去愛別人。

為別人著想，也要為自己考慮

為別人著想，是中華民族的傳統美德。在我們面對一些問題時，如果能站在別人的角度上設身處地為他們著想，那麼或許原來困惑不解的問題，都會變得豁然開朗，人際關係也會得到顯著提升。為別人著想，這是一種修養，是一種睿智，是為善之本。但是，在為別人著想的同時，也千萬不能忘了自己。人是為自己而活，在為別人著想的同時，也要記住為自己考慮。

你可以嘗試著去做一個實驗：將你的手放在心臟的位置，讓你手掌的溫度傳遞到心臟，然後感受心臟的跳動。你對自己說，我是為了自己而存在於這個世界，不是為了其他人。堅持做一段時間，看看自己的內心會發生什麼樣的變化。

日子久了，你會明白，你是為了自己而存在的，要記得為自己考慮，什麼時候都不要忘了自己。若是總是忽略自己的感受，總是追逐外在的價值，那麼生命或許會變得無味。

王欣是大家公認的賢妻良母，無論是照顧婆婆、老公，還是孩子，裡裡外外都是一把好手。原來在職場上，她也是公司老闆的得力幹將，本來馬上就可以升職加薪，但為了男友，她果斷放棄了自己的事業。男友母親生病了，她也是忙前忙後地照顧。

就連結婚，她知道男友壓力大，也沒有要房子，直接便領了個結婚證。她為這個家可以說是付出了一切。

她懷孕期間，婆婆生著病，還得她去照顧。然而她一次次地付出，並沒有換來丈夫和婆婆的感激，反而對她變本加厲地呼來喝去。

王欣的問題就是為男友考慮太多，無論大事小事都為他考慮得周到，自始至終都忘了去考慮自己。連她自己都想不到自己，更不要說其他的人。

照顧別人最基本的是考慮好自己，將自己的一切打理好，學會勤於律己和校正自己，學會愛自己。學會為自己考慮，是我們在孤立無援的時候給自己一雙充滿能量的手。

學會為自己考慮，是能讓自己在暴風雨中也能屹立不倒，保持自己的韌性。做一個這樣的你，將會感到心靈的富足，不去害怕失去什麼。學會為自己考慮，是真正懂得愛世界的人，她也將會得到這個世界的愛護。

與王欣相反的蔣友，是一個很會過日子的女人。

她每天將小家庭的生活打理得井井有條，像洗衣服、刷碗、拖地什麼的，就讓老公去做，自己也能留出來一些時間充充電，做一下全身心的放鬆。

婆婆若是看不慣她悠閒的姿態，她就選擇婆婆在的時候做家務，婆婆走了，她照舊做自己的事情。現在雖是兩個孩子的媽，卻將日子過得有滋有味。

不是說我們要學蔣友那樣，在婆婆看見與沒看見時區別開來的兩種表現，我們要學的是她處理關係的能力。她可以有選擇地為丈夫做一些事情，但也要分一些事情給他。讓他體驗到自己的辛苦，這樣也能有更多的時間留給自己。為自己考慮，不是一種自私，而是一種謀略，懂得為自己考慮的人，才會在愛情與婚姻路上走得更遠、更順暢。為別人考慮，那是一種美德，但若是將全部身心都用在為別人好之上，那麼對自己來說是一種不公。

父母終究會老，丈夫兒子也都可能會離開，如果你不為自己考慮，將全部身心都撲在別人身上，未來有一天你老了，你要去倚仗什麼？你要明白，依靠誰都不會長久，所以無論什麼時候，多為自己考慮一點。自己想要什麼，那就去勇敢地追求。否則等過了這個年紀，這些原本最喜歡的，已經不能再去觸及。

每一個人都是自己世界裡最獨一無二的那朵花，每朵花都有自己的嬌美，無論是哪一種，都要試著去學會愛自己，為自己考慮。

縱然有一天你愛的那個人選擇離你而去，你也不要卑微地再去懇求，留不住的腳步你再努力也無濟於事。人生很是奇妙，既充滿了荊棘，也有鮮花圍繞，苦難和甜美是並存的。

人生的旅途中，有人走有人留，生命也是這樣相遇再錯開。唯一能陪伴自己的，只有你自己。所以，在為別人著想的同時，千萬不要忘了自己。

不做違背自己內心的選擇

賈伯斯曾經在史丹福畢業典禮上演講時說：「**你們的時間有限，不要將時間浪費在重複他人的生活上。不要被教條束縛，那意味著你活在其他人思考的結果中。不要被他人的喧囂遮蔽了你自己內心的聲音、思想和直覺，它們在某種程度上知道你真正想成為什麼樣子，所有其他的事情都是次要的。**」

遵從自己內心生活的人，他們活得未必輕鬆，在世俗眼裡未必成功，但一定非常熱愛生命，內心也一定是富足的。

叔本華曾說：「每個人都把自己眼界的極限，當作是世界的極限。」

這個世界，有太多的可能，也有太多的活法，我們應該按照自己的想法去生活，才能看到更加精彩的世界。

紀實電影《內心引力》講述了幾位優秀創業者關於生活、關於創業和奮鬥的故事。在人生的道路上，他們卑微渺小，或經歷挫折一籌莫展，或面臨苦難無所適從，但是他們共同之處在於無論面對什麼，他們都遵從自己的內心，為未知的事業進行探索。

「當你知道你的生命無法永生的時候，你就再也不能去過那種庸庸碌碌的日子。」很多的時候，我們所做的順應自己內心選擇的事，這是與時代相背離的。但無論面對任何結果，都需要我們自己去努力，努力將我們所希望的結果呈現出來。

如果違背了自己的意願，擁有了一個看似圓滿的結果，但這個結果並不是你真正想要的，這樣的結果縱然是好的，對你來說也沒有太大的意義。

《倚天屠龍記》中，原本美麗善良的周芷若，在師父的逼迫下，不得已做了種種違背自己內心的事情，最後走火入魔、誤入歧途。

她不願接受掌門一職，卻因為師父的命令不得不接受，她不願去尋找所謂的九陰真經，卻必須違背自己的內心盜取秘笈。

本來周芷若是張無忌心目中唯一愛慕的那個人，她內心奢望的也不過是和他白頭偕老，但一次次違背自己的內心，使她與張無忌越離越遠。

最後，周芷若一無所有，也算是為自己的所作所為付出了代價。

真正愛自己，並不是必須耗費掉自己所有的精力，去打拚什麼輝煌的未來，而是努力做好自己喜歡做的事情，讓現在的每一天，都以自己喜愛的方式度過。

李開復談自己的創業歷程中說道：「追隨自己的心，做你自己擅長的、喜歡的事情，找準自己的人生方向，才能成就自己的一生。」

那麼人生道路上林林總總，如何遵從自己內心，去做不違背自己內心選擇的事情呢？

首先，去做你自己愛做的事情，做自己擅長做的、有天賦的事情

對於一個熱愛旅遊的人，你和他一談到旅遊，他就兩眼放光，這樣的人，你讓他去做關於旅遊的專業，效果一定不會太差。人在自己喜歡的事情上面，往往能釋放更多的能量。

其次，對於別人的觀點，你若是心裡不認同，要適時地去拒絕

不能做的事情學著拒絕，這是一種智慧。

最後，選擇自己想走的路，定一個計畫，努力去完成階段性的目標

有了目標，有了方向，堅定了心中的信念，那便給自己定一個計畫，努力完成目標，別人便不會因為其他事情過多地去干擾你。

有句話說得好：「**如果你知道去哪兒，全世界都會為你讓路。**」

那些對夢想執著的人，那些堅守自己內心選擇的人，都是這個時代的先鋒，無論選擇哪條路，都希望和那《內心引力》的主人公一樣，堅守自己內心的原則，走自己想走的路。

不做違背自己內心的事，這是人生的一種境界。只有自己真正瞭解自己想要什麼，才能更好地走完人生路。如果違背了自己的內心，那便無法真正快樂起來。真正地學會愛自己，是努力做自己喜歡的事情，讓自己內心充滿喜悅。

放下一切，放肆地為自己活一回

在現實生活中，我們常常遇到太多的無奈和煩惱，我們為了婚姻妥協，為了工作付出，久而久之。妥協多了，總是很輕易變得脆弱和惆悵。光陰易逝，與其讓自己痛苦，不如讓自己快樂一點，勇敢地去追求自己想要的，縱然過程累了一點，那也是自己的選擇。

二〇一五年四月的時候，一封辭職信爆紅網路，上面只有十個字：

世界那麼大，我想去看看。

網友評價，這是「史上最具情懷的辭職信，沒有之一」。

經過採訪，得知辭職信的主人在河南省實驗中學任教，已經十一年。沒想到，主管真的批准了這封辭職信。

簡簡單單的十個字，便輕而易舉地爆紅網路，或許沒有人意識到，他們只不過是在欽羨女老師那份說走就走的瀟灑。

其實，有的時候，世界就是這麼簡單。你若是累了，背上背包，遠離紛繁的人世間，找一個沒有人認識的地方，去領略大自然的魅力。徜徉山水間，笑傲風塵裡。

你的感情若是讓你痛苦不堪，那就放放手，給彼此一片天空，讓彼此都鬆一口氣。抓得太緊，就算是弦也要繃斷。苦澀若是太多，那就打開閘門，任苦澀流走，給自己留一片心靈的慰藉。壓力若是太大，那就索性放下，尋找一個機會，讓自己舒一口氣。如果自己的生活過成了一團麻，越解越亂，何不拿剪刀徹底剪斷。

適時地放縱一下，放下原本的矜持，想購物便去購物，想旅遊便去旅遊，想發脾氣了，到沒人的地方吼上兩嗓子。做一個快樂的人，保持一顆平常的心，該放下便放下，得之淡然，失之泰然。

妍妍是家裡的乖乖女，一切都按父母的意願按部就班地走著。她的成績不高不低，考了個學校不好不壞，找了一份工作也是不好不差。

在外人看起來，妍妍那是千好萬好，大家都是極力誇讚妍妍，說她懂事聽話，讓父母省心，很有出息。

但沒人知道，這個「乖乖女」所希望的生活方式並不是這樣。她喜愛旅行，喜愛爬山，喜歡高空彈跳。或許是因為這麼多年的生活太過壓抑，她更喜歡充滿激情的生活。

她和父母提出要辭職，她父母斷然拒絕。理由是現在的工作不好找。後來妍妍瞞著父母，偷偷遞出了辭職信。

一個月後，雪山之上，一個穿著白色羽絨服的女孩站在雪峰之頂，笑得一臉明媚。

人是為自己而活，不是為了別人，不要將別人投來的愛全盤接受，你往往負擔不起。每個人都有每個人的想法，不能讓別人的想法強制地施加在你的身上。他們認為正確的，不一定適合你，他們喜歡的，你不一定喜歡。

如果妍妍一輩子做她父母的乖乖女，在一成不變的工作中就這麼生活下去，那她永遠也不會開心。

放下一切，為自己而活，生活並不需要那些無謂的執著，也很少有什麼不能割捨。你想要活得瀟灑，就不能太過執拗。很多東西不一定非要抓在手裡，很多東西不一定必須要得到。在費盡心思追求的過程中，往往失去的東西也是難以計算的。

在生活中，如何真正地放下一切，為自己而活呢？

首先，要清楚讓所有人都滿意這是不可能的

要清楚一千個人眼裡有一千個哈姆雷特，別人的想法都是出自他們本身，對於他們的評價，我們可以認真思考後再去接受。當覺得不合理時，完全不理也無傷大雅。按照自己的選擇去做，自己覺得對的，那就堅定不移地去執行。

其次，給自己設定一個目標，並朝著目標去努力

或許你的目標會讓人嘲笑或不屑，但是很多人都是在被人嘲笑中一步步走向成功的。想當詩人，那就多看書多寫詩，想當歌手那就多練習，設定自己的最終目標，並且分階段一步步腳踏實地地去完成。相信自己的實力，是金子總會發光的。

第三，適當地融入團體，多和別人進行交流溝通

團體中總有一些樂觀開朗的人，和他們交往的次數多了，自然會被他們的積極樂觀所感染，也就不會因為個別人的目光而患得患失。有時候，背負太多只會讓我們步履蹣跚。放下該放下的，這才是人生最好的姿態。知道自己想要什麼，就努力去追求，別人的看法在自己真正想要追尋的東西面前，只會變得無足輕重。

「放下」在很多時候是一種大氣與瀟灑。所以，追尋該追尋的，放棄該放棄的，輕裝上陣，在未來的某一天，我們也許會遇到更好的自己。

保持你的善良，
也要堅持你的底線

作者：小彬
發行人：陳曉林
出版所：風雲時代出版股份有限公司
地址：10576台北市民生東路五段178號7樓之3
電話：(02) 2756-0949
傳真：(02) 2765-3799
執行主編：劉宇青
美術設計：許惠芳
行銷企劃：林安莉
業務總監：張瑋鳳

初版日期：2022年11月
版權授權：蔡雷平
ISBN ：978-626-7153-44-4
風雲書網：http://www.eastbooks.com.tw
官方部落格：http://eastbooks.pixnet.net/blog
Facebook：http://www.facebook.com/h7560949
E-mail：h7560949@ms15.hinet.net
劃撥帳號：12043291
戶名：風雲時代出版股份有限公司
風雲發行所：33373桃園市龜山區公西村2鄰復興街304巷96號
電話：(03) 318-1378
傳真：(03) 318-1378
法律顧問：永然法律事務所 李永然律師
北辰著作權事務所 蕭雄淋律師

行政院新聞局局版台業字第3595號 營利事業統一編號22759935

定價：280元

國家圖書館出版品預行編目資料

保持你的善良，也要堅持你的底線 ／ 小彬 著. -- 初版 -- 臺北市：風雲時代，2022.10- 面；公分

ISBN 978-626-7153-44-4（平裝）

1.修身 2.生活指導

192.1 111013621